高职高专经管类"十三五"规划教材

企业人力资源管理实务

QIYE RENLIZIYUAN GUANLI SHIWU

彭晓娟　主　编

厦门大学出版社　国家一级出版社
XIAMEN UNIVERSITY PRESS　全国百佳图书出版单位

图书在版编目(CIP)数据

企业人力资源管理实务/彭晓娟主编.—厦门:厦门大学出版社,2016.12
高职高专经管类"十三五"规划教材
ISBN 978-7-5615-6304-5

Ⅰ.①企… Ⅱ.①彭… Ⅲ.①企业管理-人力资源管理-高等职业教育-教材 Ⅳ.①F272.92

中国版本图书馆 CIP 数据核字(2016)第 270048 号

出 版 人	蒋东明
责任编辑	江珏玙
装帧设计	蒋卓群
责任印制	许克华

出版发行	厦门大学出版社
社　　址	厦门市软件园二期望海路 39 号
邮政编码	361008
总 编 办	0592-2182177　0592-2181406(传真)
营销中心	0592-2184458　0592-2181365
网　　址	http://www.xmupress.com
邮　　箱	xmupress@126.com
印　　刷	南平市武夷美彩印中心

开本　787mm×1092mm　1/16
印张　9.5
字数　220 千字
版次　2016 年 12 月第 1 版
印次　2016 年 12 月第 1 次印刷
定价　25.00 元

本书如有印装质量问题请直接寄承印厂调换

厦门大学出版社
微信二维码

厦门大学出版社
微博二维码

前　言

今天，人类社会已经进入一个信息化时代，在这样一个时代，人力资源已经成为企业赢得竞争优势的第一资源。有人问比尔·盖茨，如果让你离开微软，你还能创办第二个微软吗？比尔·盖茨说：能，只要让我带走100个人。

能否拥有一支高素质的人才队伍，对一个企业实现其发展战略和提高竞争力是至关重要的。如何科学合理地进行人力资源规划、招聘与配置、培训与开发、激励控制、劳动关系管理等问题，成为管理者最关心的问题。其实，人力资源管理不仅仅是人力资源部门的事情，而是所有业务部门和职能部门的管理者都应该高度重视的事情；人力资源管理也不仅仅是事务性工作，还是关系企业存续的战略性工作。

伴随着企业人力资源管理实践的深入和管理水平的提高，现代人力资源管理的理论框架和概念体系也在不断地丰富和完善。

本书是为高职院校经管类专业学生而写的，他们是人力资源管理学科的初学者。高职院校人才培养目标是培养"高素质技术技能人才"，所以本书在策划和编写过程中，结合学院学生的特点，力图实现"理论适度，注重实训"的目标。本书设计的任何一个典型工作任务都基于人力资源管理专员岗位的实际工作过程，从中提炼出实际工作中最需要学生掌握的基本术语和操作技能。

本书在编写过程中，既重视传统经典理论的论述，更突出知识的运用。结合人力资源管理业务工作，本书设置六大学习情境。每个学习情境都有开篇案例作为导入，使学生通过对真实案例的学习和思考，带着问题进入基本概念的学习，最终完成4～5个典型工作任务，达到"传道、授业、解惑"，不断提高理论水平和技能熟练程度。

本书的编写特点是：(1)校企合作开发。本教材由高校教师与企业从业人员联合编写，并选用厦门美易在线股份有限公司及知名企业案例，真实生动。(2)教材适当"留白"，方便师生互动、知识拓展、自主学习。(3)突出实用性和趣味性，对理论去繁就简，对实训去虚就实，充分考虑实训可实施的实际条件。案例力求生动活泼，吸引学生的阅读兴趣。(4)每个学习情境都有配套的应用表格或文档的模板，让学生直观地了解该业务处理过程中使用的工具和方法，方便学生在模仿的基础上改进和创新。

本书由彭晓娟老师负责编写学习情境一、学习情境四；李建清老师负责编写学习情境五、学习情境六；厦门美易在线科技股份有限公司（原厦门派倍安科技有限公司）人力资源部总监陈鸿清女士负责编写学习情境二，并提供若干案例素材；彭山雨老师负责编写学习情境三。集美大学施若谷教授、华侨大学统计学院王健老师、厦门元玺管理咨询公司/厦门老聃餐饮管理有限公司顾问李农先生等对本书的编写亦做出重要贡献。全书由彭晓娟任主编,负责统稿和校对。

在本书的编写过程中,我们参阅、借鉴和引用了国内众多学者的大量研究成果,在此向他们表示衷心的感谢和敬意。尽管编者在编写过程中尽力做到认真努力,但由于编者水平、经验有限,书中难免出现错误和纰漏之处,恳请读者批评指正。关于本书有任何问题和建议,请您联系编者,不胜感谢。

编 者

2016 年 10 月 13 日

目 录

学习情境一 人力资源管理总论 ·················· 1

 任务一 了解人力资源管理基本概念 ·················· 2
  一、人力资源的含义及特征 ·················· 2
  二、人力资源管理的含义 ·················· 3
  三、人力资源管理的意义 ·················· 4
  四、人力资源管理的发展与变迁 ·················· 4
  五、人力资源管理的发展趋势 ·················· 6

 任务二 人力资源管理者 ·················· 9
  一、人力资源管理者的知识、素质和技能要求 ·················· 9
  二、人力资源基层管理者日常工作任务清单和常用表单工具 ·················· 11

 任务三 人力资源管理常用专业术语 ·················· 17
  一、组织结构 ·················· 17
  二、工作分析与岗位研究 ·················· 18
  三、其他常用术语 ·················· 20

 任务四 编制工作说明书 ·················· 24
  一、对工作说明书的基本认识 ·················· 24
  二、工作说明书的编制内容 ·················· 24
  三、工作说明书的样式 ·················· 25

 任务五 人力资源规划 ·················· 30
  一、人力资源规划的内容 ·················· 30
  二、人力资源规划的作用 ·················· 31
  三、人力资源规划的环境分析 ·················· 32
  四、人力资源规划的程序 ·················· 33

学习情境二 招聘与选拔 ·················· 36

 任务一 初步了解招聘工作 ·················· 37
  一、招聘典型工作任务 ·················· 37
  二、基本术语 ·················· 38
  三、招聘工作流程 ·················· 38

任务二　甄选 …… 41
一、获取资料,筛选简历 …… 41
二、面试与笔试 …… 41
三、评价中心测评 …… 42
四、讨论并初步做出录用决定 …… 43
五、确定薪酬等事宜 …… 43
六、背景调查 …… 43
七、发出录用通知 …… 43
八、办理入职手续 …… 43
九、岗前培训 …… 44
十、招聘成效评估 …… 44
十一、招聘活动总结 …… 45

任务三　现场招聘会 …… 51
一、现场招聘会的意义 …… 51
二、现场招聘会操作步骤 …… 51
三、校园宣讲会 …… 52

任务四　无领导小组讨论 …… 54
一、无领导小组讨论的概念 …… 54
二、无领导小组讨论操作步骤 …… 54
三、无领导小组讨论中应聘者应注意的事项 …… 55
四、无领导小组讨论测评法的优缺点 …… 56

学习情境三　培训 …… 60

任务一　初步了解培训工作 …… 61
一、培训专员的典型工作任务 …… 61
二、培训工作流程 …… 62

任务二　培训的方法 …… 69
一、讲授法 …… 69
二、案例分析及研讨法 …… 69
三、实践法 …… 70

任务三　新员工岗前培训的实施 …… 71
一、岗前培训的含义 …… 71
二、岗前培训的内容 …… 72
三、岗前培训案例:DE公司的新员工培训 …… 72

学习情境四　绩效管理 …… 78

任务一　初步了解绩效管理 …… 79
一、基本概念 …… 79
二、绩效管理的流程 …… 81

三、绩效管理中的职责划分 ……………………………………………………………… 81
　任务二　绩效考评 …………………………………………………………………………… 84
　　一、绩效考评的内容 ……………………………………………………………………… 84
　　二、绩效考评的方法 ……………………………………………………………………… 85
　　三、绩效考评的程序 ……………………………………………………………………… 86
　　四、绩效考评的主体 ……………………………………………………………………… 86
　任务三　绩效管理的重要模式：目标管理 …………………………………………………… 89
　　一、什么是目标管理 ……………………………………………………………………… 89
　　二、目标管理的程序 ……………………………………………………………………… 89
　　三、目标的 SMART 检测原则 …………………………………………………………… 90
　　四、MBO 考核法的实施 ………………………………………………………………… 90
　　五、目标实施中应注意的问题 …………………………………………………………… 92

学习情境五　薪酬管理 …………………………………………………………………………… 95
　任务一　初步了解薪酬管理 ………………………………………………………………… 96
　　一、薪酬管理典型工作任务（见表 5-1） ………………………………………………… 97
　　二、薪酬管理基本概念 …………………………………………………………………… 97
　　三、制订薪酬方案的原则 ………………………………………………………………… 99
　任务二　薪酬调查 …………………………………………………………………………… 103
　　一、薪酬调查的含义和目的 ……………………………………………………………… 103
　　二、薪酬调查的内容和类型 ……………………………………………………………… 103
　　三、薪酬调查的流程 ……………………………………………………………………… 104
　任务三　薪酬核算 …………………………………………………………………………… 106
　　一、不同工资形式的具体计算方法 ……………………………………………………… 106
　　二、加班工资的计算 ……………………………………………………………………… 107
　　三、个人所得税的计算 …………………………………………………………………… 107
　　四、应缴社会保险费的计算 ……………………………………………………………… 108
　任务四　编制工资表和制作工资条 ………………………………………………………… 112
　　一、编制工资表 …………………………………………………………………………… 112
　　二、使用邮件合并工具制作工资条 ……………………………………………………… 112

学习情境六　劳动关系管理 …………………………………………………………………… 118
　任务一　对劳动关系的基本认知 …………………………………………………………… 119
　　一、劳动关系 ……………………………………………………………………………… 119
　　二、劳动法律关系 ………………………………………………………………………… 120
　任务二　劳动合同 …………………………………………………………………………… 123
　　一、劳动合同的概念 ……………………………………………………………………… 123
　　二、劳动合同的条款 ……………………………………………………………………… 123
　　三、劳动合同的订立 ……………………………………………………………………… 125

四、劳动合同的续签 …………………………………………………… 128
　　五、劳动合同的变更 …………………………………………………… 128
　　六、劳动合同的解除 …………………………………………………… 129
　任务三　劳动争议案例分析 ………………………………………………… 136
　　一、劳动争议的基础知识 ……………………………………………… 136
　　二、劳动争议案例及分析 ……………………………………………… 138
参考文献 ………………………………………………………………………… 143

学习情境一　人力资源管理总论

学习目标

知识目标：通过本情境的学习，使学生掌握人力资源及人力资源管理的概念和特点，了解人力资源管理的发展过程及趋势，熟悉人力资源管理工作的职能及工作任务、常用术语等。

能力目标：能进行工作分析及工作岗位调查、绘制组织结构图、编制工作说明书、撰写企业人力资源规划等。

导入情境

HR 自嘲诗

一、HR 是啥

他领导着一个奇妙的部门，是一个奇妙的人。

他上得厅堂下得厨房，偶尔还坐在主席台上。

他有时高瞻远瞩，与老板畅谈人才战略和机构设置；

有时鸡毛蒜皮，为半个月补偿金跟员工争得面红耳赤。

他有时很匆忙，加着班计算加班、休着假统计休假；

有时很凄凉，拿着温饱＋1 的工资帮领导设计股权计划。

他要和满腹牢骚的员工谈心，要替无法无天的制度正名。

他要给说错话的领导擦屁股，他要为无厘头的混账工作安排找理论典故。

他是服务部门，为你上保险、跑银行、安排体检、介绍对象；

他是权力部门，盯着你的迟到早退，算着你的绩效指标，压着你的人员编制，管着你的培训费报销；

他是心思缜密的法律专家，人事制度编得完美无瑕，任凭你刁钻古怪、见缝插针也没有办法。

二、HR 干啥

他要招聘你，哪怕你在千里之外；

他想辞退你，总有办法让你离开。

他培训你，使你成为资本的砝码；

他考核你，让你晓得不听话的代价。

他发的工资按时到账，虽然奖金总扣得你摸不着方向；

他交的保险样样齐全,但是计算的方式往往和你想的不太一样。

他给你做十年的职业规划,告诉你很有盼头;

他和你签三年的劳动合同,是怕你赖着不走。

三、HR凭啥

他不懂的东西很多,他懂了又如何?

他不懂得机械,不懂得材料,看不懂加工工艺,做不来编程建模。

他学过经济,考了管理,也修完了组织行为和人事心理。

这些都不神秘。

他的数据库分毫不差,把统计表玩得出神入化。

这些都不是技术,因为他只是个HR。

他离价值链很远,却离老板很近;

他对公司好像是了无增益,却又不可或缺……

思考:阅读上面这首打油诗,你有何感受?根据这首诗,试着描述一名人力资源管理从业人员的工作职责、职能、从业资质要求。

任务一　　了解人力资源管理基本概念

一、人力资源的含义及特征

对于人力资源,不同的人有不同的理解。有人认为,人力资源是人类可用于生产产品或提供各种服务的能力、技能和知识;有人认为,人力资源是企业人力结构的生产力和商誉的价值;有人认为,人力资源是企业内部成员及外部的人等可提供潜在服务及有利于企业预期经营活动的总和;还有人认为,人力资源是指参加脑力劳动和体力劳动的人们的总称。

我们认为,人力资源是指能为社会进行生产或提供服务,拥有智力资源和体力资源的人口资源。人力资源是进行社会化生产最重要的资源,与其他资源一样都具有有用性、有限性、物质性和稀缺性等共性,通过各种资源的结合可以创造社会财富,推动社会发展和人类进步。

人力资源不同于一般的物质资源,它的特殊性表现在以下几个方面:

(一)人力资源具有生物性

人力资源是一种"活"资源,物质资源是一种死资源,物质资源消耗殆尽后多是不可再生的。物质资源仰赖人力资源的创造、维持及修复。人力资源的生产和使用,要受到自然生命特征的限制,如果不遵循生命规律,对人力资源实施过度开发和使用,必将破坏人力资源的可持续利用和发展。既想马儿不吃草,又想马儿跑得好的观念和做法都是不可取的。不少企业工作量和劳动强度过大,不注重劳动保护,造成员工伤亡的案例是无比惨痛的教训。

(二)人力资源的能动性

人力资源是诸多生产要素中唯一具有主观能动性的生产要素。人力资源是可开发资源，人的创造能力是无限的，通过对人力资源的有效管理可以极大地提高企业的生产效率。人力资源是企业创造利润的主要来源，特别是在高新技术等行业，人力资源的创新能力是企业利润的源泉。

(三)人力资源的时效性

这是指人力资源的形成与作用要受其生命周期的限制。人的生命周期一般分为成长发育期、成年期、老年期三大阶段，其各阶段的劳动能力和特质各不相同，人力资源的周期有培训期、成长期、成熟期和老化期。

(四)人力资源的社会性

人力资源不仅仅属于个人及家庭，也属于社会和国家。个体素质的提高将形成高水平的人力资源，对社会发展和进步起到巨大的推动作用。同时，人力资源的质量也取决于社会环境因素，比如政治、经济、科技、教育等，它们通过群体组织直接或间接地影响人力资源开发。

人力资源由数量和质量两方面构成。人力资源的数量包括潜在的劳动力和现实的劳动力。具体包括：适龄劳动人口、老年就业人口、家务劳动人口、待业人口、求学人口、服役人口等。人力资源的质量是指人力资源所具有的体质、智力、知识和技能水平及劳动者的劳动态度，一般体现在劳动者的体质、文化、专业技术水平及劳动积极性上。在统计与使用中，可以用平均寿命、婴儿死亡率、人均受教育年限、每万人中大学生拥有量、大中小学入学比例等指标来反映一个国家和地区人力资源的整体素质和质量。

人力资源的数量和质量是相互统一的。数量是基础，质量是关键和核心。人力资源管理的重点应该放在质量上。

二、人力资源管理的含义

所谓人力资源管理，是指企业为了获取、开发、保持和有效地利用在生产加工和经营过程中必不可少的人力资源，通过运用科学、系统的技术和方法进行各种相关的计划、组织、领导和控制活动，以实现企业的既定目标。

人力资源管理的基本职能和工作任务在于：

(一)人力资源规划

根据企业总体战略目标，科学的分析、预测企业在变化的环境中人力供给和需求的情况，制定必要的政策和措施，以确保企业获取需要的人力，为实现企业战略提供服务。

(二)招聘与选拔

为了实现组织的战略目标，人力资源部门要根据组织结构和工作分析制定职位说明书与员工素质要求，开展招募、选拔、录用与配置等工作。在企业转型、流动频繁、供需变化快的当今社会，这是人力资源管理的重要活动之一。

(三)培训与开发

通过培训提高员工知识、能力，改善工作态度和工作绩效，进一步开发员工的智力潜能，提升企业人力资源素质。

(四)薪酬管理

通过建立一套完整、系统的薪酬体系,实现激励员工的目的,这是人力资源管理活动中最敏感、最被人关注,也是技术性最强的部分。薪酬管理是组织吸引和留住人才、激励员工努力工作、发挥人力资源效能最有利的杠杆之一。

(五)绩效管理

这是管理者与员工就工作目标和如何达成工作目标进行协调并达成共识的过程,通过考核员工工作绩效、奖优罚劣,进一步提高和改善员工工作绩效。

(六)劳动关系管理

劳动关系管理包括劳动关系的订立和履行,劳动合同的变更、解除、终止、劳动合同管理等。

(七)其他

如员工流动管理和职业生涯管理,人力资源管理部门在员工使用过程中,要做好流动管理包括晋升、降级、引进、流出,制定员工成长阶梯,科学合理地使用员工,为员工制订具体的事业发展计划。再如企业文化及员工关系管理:为使员工努力工作,组织应创造出一种积极的工作环境和良好的员工关系氛围,保证员工健康、安全、愉快、高效地工作。

三、人力资源管理的意义

实践证明,重视和加强企业人力资源管理,对于促进生产经营的发展,提高企业劳动生产率,保证企业获得最大的经济效益有着十分重要的意义。

(一)有利于促进生产经营的顺利进行,提高经济效益

人力资源管理部门只有通过合理组织劳动力,不断协调劳动力之间、劳动力与劳动资料和劳动对象之间的关系,才能充分利用现有的生产资料和劳动力资源,使其在生产经营过程中最大限度地发挥作用。

(二)有利于现代企业制度的建立

科学的企业管理制度是现代企业制度的重要内容,而人力资源的管理又是企业管理中最为重要的组成部分。一个企业只有拥有第一流的人才,才会有第一流的计划、第一流的组织、第一流的领导,才能充分而且有效地掌握和应用第一流的现代化技术,生产出第一流的产品。

(三)有利于调动员工积极性

企业管理中的人有思想、有感情、有尊严。这就决定了企业人力资源管理必须设法为劳动者创造一个适合需要的劳动环境,使其安于工作、乐于工作、忠于工作,并能积极主动发挥个人劳动潜力,为企业创造出更有效的生产经营成果。

四、人力资源管理的发展与变迁

人力资源管理可以追溯到很久以前,从其产生的背景和演变的过程看,它是伴随着管理实践、管理理论的发展向前发展的。所以,我们依据管理实践、管理理论发展的不同阶段,将人力资源管理的发展过程划分为以下三个阶段。

(一)科学管理阶段

19世纪末20世纪初,以泰勒的科学管理理论为代表,标志着企业管理由漫长的经验管理阶段步入科学管理阶段。科学管理理论中不仅包括操作规程化、标准化,还蕴含着现代人力资管理理念的萌芽。泰勒提出以下科学管理理论:

1.对工人进行科学选择,并进行培训和教育,培训工人使用标准的操作方法,使工人在岗位上成长。

2.管理和劳动分离,管理职能与执行职能区分。日常事务授权部门负责,管理只对例外事项保留处置权利。

3.提出工作定额原理,制定激励性的计件工资制。奖励超额完成工作标准的员工,处罚没有完成正常工作量的员工,在薪酬制度上引入有效的激励手段。

泰勒提出的科学管理理论中的人力资源管理思想,不仅在当时起到了重要作用,而且对以后人力资源管理理论的发展也有着深远的影响。同时应当看到,科学管理的核心在于强调员工是"经济人",认为员工工作是为了满足物质需要。基于这种认识,管理者实行物本管理,把员工当成机器的附属物,忽视员工的主观感受,使管理者与员工之间产生矛盾和对立。经典影片《摩登时代》就生动而深刻地描绘了该时期工厂中生产及生产管理的状况,反映了劳资双方之间的对立和紧张关系。

(二)人事管理阶段

20世纪20—30年代,学者们开始由科学管理转向对人的研究。他们强调从心理学、社会学的角度去研究工作效率的影响因素,主张用关注人性的方法调动员工的积极性。这一时期的主要代表人物是梅奥。梅奥等人通过著名的"霍桑试验",得出如下结论:

1.员工是"社会人"。企业的员工不是单纯追求物质和金钱的"经济人",他们还有对友情、安全感、归属感等心理和社会方面的情感需求。员工对自己受重视的感受可以有效地调动其工作积极性。

2.企业中存在着"非正式组织"。非正式组织有自己的行为规范,管理者要善于利用非正式组织的作用,既要有科学管理的理性分析能力,也要通晓人性,重视人际关系的协调和士气的调动。

(三)现代人力资源管理阶段

20世纪50年代以后,人事管理开始向人力资源管理转变。其显著标志是怀特·巴克的人力资源职能理论和迈勒斯的人力资源模式理论。归纳起来,现代人力资源管理主要体现以下特征:

1.管理的视野更加开阔。传统的人事管理,主要以事为中心,主要工作就是管理档案、人员调配、职务职称变动、工资调整等具体的事务性工作。现代人力资源管理则主要以人为中心,注重人事相宜,发挥人的特长和潜能,淡化管理者与员工的身份界限,关注员工的参与和团队合作。

2.管理的内容更加丰富,更具有系统性,更具有战略意义。现代人力资源管理不仅包括选拔、使用、考核、晋升、调配等操作性工作,还要担负工作设计、流程规划、战略参与、变革推动与文化建设等诸多内容,都是从系统管理的视角来展开的,并关注整体组织文化的建设。

3.组织对人的管理,是企业管理者共同参与的重要工作。传统管理认为,组织对人的管理,主要是人事部门的工作。在人力资源管理阶段,多数管理者(特别是直线部门主管)都认为人力资源管理不单纯是人力资管理部门的事,更是直线部门经理的重要工作。直线经理是人力资源管理的主力,人力资源部的工作人员主要提供技术支持,承担专业顾问和综合协调的角色。

4.培训与职业生涯管理,成为人力资源部门的重要职责。为了留住人才,提高员工素质,企业把对员工培训的投入,看作是人力资本的投资,其目的在于提升员工的工作技能,构建企业人力资源的竞争优势。

五、人力资源管理的发展趋势

随着现代科学技术的运用和社会经济的快速发展,人力资源与知识资本逐渐成为企业核心竞争力的重要组成部分,人力资源的价值则成为企业整体竞争力的标志。从长远的态势看,人力资管理的发展将表现出以下趋势:

(一)管理重心转向对知识型员工的管理

知识型员工拥有知识资本,在组织中具有很强的独立性和较高的流动性,是企业之间争夺的主要对象。

1.知识型员工工作职场动态化,办公室、生产车间不再是知识型员工必需的工作场所。移动办公、在家办公成为互联网时代的工作常态。

2.工作地点动态化的同时也使得工作过程难以直接监控,工作业绩的衡量也从过程导向转向结果导向。

3.需求结构和报酬体系新要求。知识员工的需求结构区别于体力劳动者,其对成就感的追求和知识产权的保护等精神层面的需求更加突出。这就要求人力资管理能依据员工的素质水平、需求结构,设计出符合需求层次与结构的报酬体系。

(二)人力资源管理的全球化、信息化

跨地区、跨国界的组织的出现,使得人才交流国际化,跨文化的人力资源管理将成为重要内容,随着经济全球化的推进,人才本土化、母公司与海外公司的企业文化磨合、构建有效的人力资源管理系统、采取有效的方法调动海外分公司员工的工作积极性等都是跨国企业人力资源管理者所要解决的新课题。

此外,互联网集结了丰富的网络资源,是人才交流和获取信息的重要平台,人才网成为重要的人才市场形式,人力资源管理部门要设计适应国际化、网络化的人力资源管理新体系。

(三)人力资源管理的服务性和人本化

人力资源管理由传统的行政权力转向服务支持。人力资源管理不仅服务于企业的整体战略,而且要持续提供面向员工的人力资源产品服务。通过员工满意的服务来吸引、留住、激励、开发所需要的人才,实行人本管理,以人为本、尊重人、关心人、激发人的热情,以满足人的需要为终极目标。

(四)企业文化将成为人力资管理的核心

管理追求的最高境界是文化管理。未来人力资源管理的一个明显转变,就是特别重视"文化管理"的影响,重视对文化的形成、保持和培育,使全体员工拥有共同的价值观念,使企业文化和精神深入每一个员工心中,有效规范和引导员工行为。

（五）人力资源管理职能外包

随着人力资源管理专业性的增强,专门为企业提供招聘、培训和绩效考核的人力资源管理服务性公司大量涌现,不少大型企业将人力资源管理活动委托给组织外的公司承担。这种外包活动有利于降低人力资源管理成本,有利于获取专业化的人力资源服务,有利于组织绩效考评的公平性。

（六）建立学习型组织的趋势将进一步得到加强

现代人力资源管理更加注重对员工的教育投资,只有通过持续有效的终身学习、全员学习,才能获得生存和发展的机会。

（七）HRBP(HR BUSINESS PARTNER)模式日趋流行

HRBP又称为人力资源业务合作伙伴,实际上就是企业派驻到各个业务部门或事业部的人力资源管理者,主要协助各业务单元高层及经理在员工发展、人才发掘、能力培养等方面的工作。其主要工作内容是负责公司的人力资源管理政策体系、制度规范在各业务单元的推行落实,协助业务单元完善人力资源管理工作,并帮助培养和发展业务单元各级干部的人力资源管理能力。

自 主 学 习 任 务

一、案例学习：微软引领人力资源管理新潮流

自1975年成立以来,微软公司的竞争优势之一就是其高质量的员工。这个极其成功的软件公司在雇佣具备高智商、强能力的人员方面做到了极致。微软的关键战略之一就是"发现那些懂得技术与商业的精明的人"。难怪盖茨坦言："如果把我们顶尖的20个人才挖走,那么我告诉你,微软会变成一家无足轻重的公司。"也许,这就是微软成功的秘密所在。

"你的企业E化了吗？"这已经成为时下许多人力资源经理关心的问题。在软件业中称霸一方的微软,启用现代化手段进行人力资源管理已有一段时间了,这种手段为企业节省了人力,提高了效率,并使人力资源部完完全全从传统的事务性工作中解脱出来。

微软凭借拥有一批优秀软件人才的优势,开发出了一套适用于内部人力资源管理的系统软件,从此微软的人力资源部不再有繁杂的纸张、厚重的材料。员工的培训发展、福利休假、薪酬、业绩考核等事务全部由互联网及系统软件代替。全球员工查找信息,只要输入自己独有的密码,各种信息一览无遗。在这一领域微软可谓是E化道路的"领航者",它正引领着一种新潮流。

——招聘员工网上找。在网上发布招聘信息并不是什么稀奇的事,不过微软的招聘信息不仅对外,同时也对内。微软在全球各个国家的公司有哪个职位空缺,都发布在网上,微软的职员可以跨国申请。如果你对哪个国家的空缺职位感兴趣,并愿意长期移居过去,便可以发申请信,那个国家的微软公司人力资源部会对你的技能、业绩做一番调查,然后在网上进行测评,认为你可以胜任,那么你就幸运地成为那个国家微软公司的员工了,

你的一切关系(包括保险、薪酬、福利等)都将转过去。目前为止,微软已有不少员工通过这种方式到自己向往的国家和职位去工作了。

——培训课程网上寻。员工的职业发展及技能提高可是大事,在微软的网站上有各种课程,员工可以根据自己的需求,找寻相应的课程,同时网站成为员工与人力资源部之间的桥梁,信息的更新、员工的意见,都能及时地反映出来。

——休假、报销网上批。哪位员工想休假了,可到网上申请,系统上有每位员工已休的天数、未休天数,获得批准后,数据就会自动更新。报销也没有以往琐碎的票据,可直接到网上申请,省时省力。

——个人绩效网上定。微软的绩效考评每半年进行一次,先由员工自己为这半年来的业绩做一个评估,打一个分数,然后放到网上,等待部门经理签字、打分。没有经过部门经理打分、签字的信息呈红色;经理打完分后,如果员工认为经理评价比较符合事实,再进行最后的确认,确认后信息变为绿色,业绩考核的过程就完了。此外,部门经理打分的同时还要为每位员工制定下半年的目标。如果员工对经理的评价有异议,便可以拒绝确认,更高层经理及人力资源部的人员看到后,会与员工沟通,直至查到员工拒签的原因。

——个人信息网上查。每位员工只要输入自己所持有的密码,就可以查到全方位的信息,包括职位、录用信息、升迁及调动信息、薪资福利状况等。不仅可以看自己的,而且还可以看见别人的,当然这是有访问权限约束的,也就是说,你仅可以看到比自己级别低的员工的信息。部门经理可以看到自己部门所有员工的个人信息,这样有助于对本部门的管理。

微软(中国)公司人力资源部总监张铭先生对这种 E-HR 的管理做了分析。他说:"E-HR 在北美很流行,我们希望微软在中国领先于潮流,目前已有一些较大型企业正在使用微软开发的这套系统。我认为,由于观念上、技术上等多方面因素,E-HR 的使用会受到一些局限。但无可争议的是外企领先、国企滞后;IT 公司领先,其他行业滞后;对企业管理重视者领先,反之则滞后。与此同时,它也是人力资源部对 E 化的认识及人力资源部从业人员自身素质高低的有利体现。"

思考:通过该案例,你认为电子化、网络化时代对企业的人力资源管理和人力资源规划有着怎样的影响?

二、调研:现代企业人力资源管理的特点及发展趋势

到与你学校有合作关系的企业或者亲戚朋友所在的企业参观,访问 HR 从业者,了解从业人员的工作职责、工作内容,可能的话拍一拍照片,在班级谈一谈你的所见、所闻、所感。

你也可以通过网络或书刊,了解下近年来人力资源管理的新趋势、新特点。

任务二　人力资源管理者

一、人力资源管理者的知识、素质和技能要求

人力资源管理人员应该是一位"通才"型的管理者，一名合格的人力资源管理人员应该包括以下几方面的基本素质：

(一)优秀的人格品质

人格品质包括政治修养和职业道德。人力资源管理者要以企业的利益为重，不为个人或小团队牟私利；工作中能够严格贯彻执行国家的法律法规，严格遵守组织纪律，事业心强，为组织建设勇于探索，锐意创新；谦虚、公道、正派，作风民主。职业道德的基本要求是：要有爱心、责任心，业务上精益求精，树立诚信观念等。

(二)T型的知识结构

人力资源管理者必须具备专业的、广博的知识，其知识结构是"T"式的，基础知识是"一"，而"I"是专业知识，具体如下：

广博的基础知识：语文、数学、历史、地理、物理、化学、外语、计算机、哲学、伦理学、逻辑学、经济学和政治学等知识。

精深的专业知识：人力资源管理、管理心理学、劳动经济学、市场营销学、劳动法等领域的知识，以及所在单位的行业知识和业务知识等。

(三)先进的人力资源管理理念

人力资源管理理念包括管理观念和管理方法的更新。先进的人力资源管理观念强调对员工的素质与能力的管理，人力资源管理者应具有爱才之心、识才之眼、用才之能、护才之魂、举才之德和育才之力。

人力资源管理者还应该掌握先进的管理手段。主要体现在以下方面：

1.定量分析管理手段

定量技术使管理者能够以明确的形式表述所面临的问题，常用的定量分析法有：抽样检验法、线性规划法、决策论、相关分析、对策论、指数法、时间序列分析、模拟和等候线理论等。

2.法律管理手段

组织运用法律手段进行管理，重点是按照我国《企业法》《劳动法》《劳动合同法》《社会保险法》等法律法规要求，明确企业享有的权利和承担的义务。

3.信息化管理手段

人力资源管理者应能以先进的信息技术为手段，对信息进行采集、整理、加工、存贮和利用。

(四)基本的工作能力

人力资源管理者除了要有合理的知识结构、先进的管理观念之外，还必须具备能够胜任此项工作的基本工作能力,包括写作能力、表达能力、观察能力、应变能力和人际交往能力等。

1.写作能力

写作是人力资源管理者的基本任务,因此写作能力是人力资源专业管理人员的基本功。符合人力资源管理工作要求的文字写作本身就是人力资源工作的有机组成部分。

2.组织能力

组织能力是指人力资源经理在从事管理活动过程中计划、组织、安排、协调等方面的活动能力。人力资源的管理活动要具有计划性,并且要保证各方面的问题考虑周全,同时还要协调各方面的关系,从而充分调动员工的工作积极性。

3.表达能力

人力资源管理者在表达自己看法、激励员工工作、协调各方面关系的过程中,都要求管理者能够恰当、准确而积极地表达自己的意见。

4.观察能力

观察能力是人力资源管理者在管理理论的指导下,对周围的人和事从人力资源管理角度审视、分析、判断的能力。专业的管理人员要能够把周围发生的事与维持良好的人事关系结合起来,做出及时准确的判断,并能够准确地分析所发生的事件的前因后果,能够预测出人事管理发展趋势。

5.应变能力

人力资源管理者在外界事物发生改变时所做出的反应,可能是本能的,也可能是经过大量思考后所做出的决策。当今社会的环境变化快、信息成倍增长,对人力资源管理者来说,必须根据自身掌握的专业知识和累积的工作经验,在快速变化的环境和海量的信息中做出正确的决策。

6.人际交往能力

具有较强的人际交往能力对人力资源管理者来说是非常重要的。人力资源管理者需要具备与交往对象——员工迅速沟通的能力,赢得员工的好感和支持。对于交往礼仪、交往艺术、交往手段都要很好地掌握和运用。

7.其他能力

其他能力包括综合分析能力、直觉能力和认识自己的能力等。

(五)健全的心理素质

人力资源管理者应当具有健全的心理素质,主要包括以下内容。

1.基本心理素质

人力资源管理者所具备的基本心理素质包括其性格、积极性、愿望、才智、意识、远见、灵活性和说服力等内容。

所谓性格是指人力资源管理者必须有令人信服的性格和正直的品质;积极性是指人力资源管理者要有主动积极工作的激情;为员工服务的愿望是指人力资源管理者能够相信并听取员工的意见,愿意帮助他们成长并有良好的发展前景;才智是指人力资源管理者必须有高水平的思维能力,对复杂的事物要有正确的分析和判断能力,并具有持续的学习能力和学习兴趣;意识和洞察力是指人力资源管理者不但能够敏感地意识到周围所发生的事物,而且还有洞察力去评价事件对组织和员工的影响;远见是指人力资源管理者要有直觉和预见,能预示到什么能影响环境和在环境中发生的各种事件的可能性;灵活性是指人力资源管理者应具有随机应变的能力;说服力是指人力资源管理者应有较强的表达力,并对他人有同情感,能够站在他人的角度思考问题,有效地说服他人。

2.情感智力优秀

情感智力是指通过知觉,调整、控制自己的情绪而适应环境需要的能力。包括识别情绪的能力,不但能分辨自己的不同情绪,了解自我,还能准确地判断别人的情绪,敏锐地感受到他人的需求与欲望,及时准确地判断自己和他人的情绪,这是进行人际交往、做好人力资源管理活动的首要条件。同时,能适时适度地调控自我情绪,进行自我激励、自我把握、积极投入,善于处理人际关系等都是情感智力优秀的表现。

二、人力资源基层管理者日常工作任务清单和常用表单工具

(一)日常工作任务清单

1.公司人力资源战略规划与人力资源发展预测;
2.人力资源信息的收集、整理和分析;
3.公司定岗定编的牵头组织拟订、控制和调整;
4.公司组织机构、部门及岗位职责与权力划分的研究、分析,改进建议的提出;
5.公司人员招聘甄选与录用上岗的组织、协调和实施;
6.公司人才的开发与培训体系的建立和有效实施;
7.员工考核体系的拟定、建立、控制、监督和实施;
8.公司薪酬体系的建立和管理,福利保险的起草、研订、控制和调整;
9.人力资源开发、储备与员工职业生涯规划工作的研究、设计及改进建议的提出;
10.劳资关系的合理调配和劳动合同的管理工作;
11.公司企业文化与团队建设,管理沟通工作的组织、协调;
12.人力成本的核算、控制和调整。

(二)常用表单工具

1.招聘及配置环节

常用的有人员需求调查表、人员需求申请单、内部招募公告、广告稿、应征人员审核表、面试通知表、面试人员审核表、录取通知单、感谢函、报到通知单、调职申请书、职务(位)异动表、人事资料表等。

2.培训与开发环节

这包括培训需求分析表、培训申请表、培训计划表、培训课程表、在岗员工培训记录表、培训效果评估表、现场培训指导书、个别指导计划书、培训经费预算表等。

3.薪酬管理环节

这包括薪资等级表、初薪核薪表、正式任用核薪表、薪级表、请假单、加班单、加班费统计表、出差申请单、差旅费申请单及统计表、职务(位)异动表、薪资改叙表、各项奖金统计表、各项薪资代扣统计表、其他应发款统计表、应扣款统计表、薪资明细表、薪资总表、各级薪资统计表、金融机构款单、薪资单、所得税缴款书、各项保费缴款单、年终奖金电子表格、

年终奖金统计表、年终奖金比较表、调薪统计表、调薪通知单等。

4.绩效管理环节

这包括奖惩令、新进人员评估表、各职别年中(终)绩效评估表、个人考核表、单位绩效评估总表、晋升提报单、晋升候选人员名单、晋升考核表、晋升考试卷、成绩统计表、晋升人员公布、薪资更改表等。

5.劳动关系管理环节

这包括人员统计表、各职务(位)员工名册、对保单、核薪表、薪资更改表、差勤记录、异动表、训练记录表、升迁记录、奖惩记录、辞职单、退休或留职停薪申请单、资遣、解雇、调职申请表、移交清册、劳保加保单、劳保给付申请书、健保转入/转出单、社会保障卡、抚恤金申请单、退休申请单、请假单、产假津贴申请书、辞职单、离职人员分析表、退休申请表、资遣通知单、解雇通知单、停职通知单、复职通知单、留职停薪申请单、在职证明、离职证明等。

案例学习：华为的人力资源管理

(一)背景介绍

英国一份经济周刊对华为集团的评价是"它的崛起,是外国公司的灾难"。《时代》杂志称它是"所有电信产业巨头最危险的竞争对手"。仅用10年时间就从跨国电信公司夺回50%的市场份额,"华为现象"一度被视为不可思议的奇迹。如果没有华为,西伯利亚的居民就收不到信号,非洲乞力马扎罗火山的登山客无法找人求救。8千米以上喜马拉雅山的珠峰,零下40℃的北极、南极以及穷苦的非洲大地,都见得到华为的足迹。就连你到巴黎、伦敦、悉尼等地,一下飞机接通的信号,背后都是华为的基站在提供服务。

(二)华为的人力资源管理理念

华为把人看作唯一可以依靠的,并要培养像狼一样的人才,强调人才资本的增值一定要大于财务资本的增值,认真负责和管理有效的员工是其最大的财富。正是这些独特的理念和具体的人才管理制度,才使华为保持了强有力的竞争优势。

在创始人任正非看来,企业就是要发展一群狼,因为狼有三大特性:一是敏锐的嗅觉;二是奋不顾身、不屈不挠的进攻精神;三是群体奋斗。为此华为业已形成了独特的狼性企业文化,并将其上升为核心竞争力,保持了企业的持续快速增长。

任正非坚持人力资本的增值一定要大于财务资本的增值。人力资本的增值大于财务资本的增值,这也是经济学上一个最基本的原理;如果一个员工创造10元的价值,给他1元报酬,公司净得9元;假如一个员工创造了1万元价值,不应按同比例支付人力资本1000元,而是3000元,公司净得7000元。这样会激励员工去创造1万元,而企业也会得到更多。任正非深知这个道理,因此他始终认为:"华为的发展离不开优秀的员工,认真负责和管理有效的员工是华为公司最大的财富。"华为每年会派大量管理人员、技术人员到国外进行考察、学习和交流。通过不断优化人力资源等领域的管理,为员工提供良好的工作环境和事业发展的空间,促进企业的持续发展。

(三)华为人力资源管理的传统做法

1.青睐应届毕业生

每年的3月份,华为集团每次都会一如既往地推出人才招聘计划,不惜重金在北京、上海等地的主要媒体上大做广告,开辟招聘专场,数以千计地广招各路高手。如此声势,使华为成为近年来高校毕业生津津乐道的用人单位,而这种极具杀伤力的招聘规模,更使得一些大的跨国企业都自叹不如。

华为集团之所以大力招收应届毕业生,就是华为最看重应届毕业生的主动学习能力;应届毕业生是刚刚走向社会的人,容易融入企业,对企业来说是新鲜血液;同时具有冲劲,信息领域的知识更新快,要求随时学习、不断提高,这正好适合应届毕业生。

华为有完善的培训机制,刚毕业的学生一进公司,都要接受公司企业文化的"同化"培训,使他们得到有关企业价值观的知识,了解自己的角色和责任,使员工在实践中不断产生对企业价值体系的内化,形成与企业价值体系相同的价值观。

华为坚持向中国科技大学、华中理工大学、北京邮电大学等十多所著名大学提供奖学金、贷学金或特殊津贴,给优秀毕业生的推荐者以伯乐奖;每年为100名全国各高校优秀大学生举办科技夏令营,为他们提供从事实际科研工作,接触生产实践的条件和机会。

2.尊重人才,但不迁就人才

青年学生的最大弊病是理想太大。因此,华为制定了一项铁律:反对空洞理想,做好本职工作,没有基层经验不提拔。任正非说到做到,刚毕业的学生进入华为后,学历便自动消失,凭个人的实践去获取机会,这样的人才升级制度也被称作"博士当工人"。"让他们真正理解什么叫商品,从对科研成果负责转变为对产品负责。"当过工人的博士仍然有机会获得与学历匹配的职位,但首先得通过任职资格评价。

华为集团七大核心价值观中的第二条写道:"认真负责和管理有效的员工是华为最大的财富,尊重知识、尊重个性、集体奋斗和不迁就有功的员工,是我们的事业可持续成长的内在要求。"华为的核心价值观出自《华为公司基本法》,华为人认为,一个企业长治久安的关键,是它的核心价值观被接班人确认,接班人又具有自我批判的能力。

在报酬与待遇上,华为的工资分配实行基于能力主义的职能工资制;奖金的分配与部门和个人的绩效改进挂钩;医疗保险按贡献大小,对高级管理和资深专业人员与一般员工实行差别待遇,高级管理和资深专业人员除享受医疗保险外,还享受医疗保健等健康待遇;安全退休金等福利分配,依据工作态度的考评结果而定。由此可以看出,华为在待遇上对优秀员工有明显的倾斜性。

华为不搞终身雇佣制,但这不等于不能终身在华为工作,华为主张自由雇佣制,但不脱离中国的实际。为避免过度裁员与人才流失,确保公司渡过难关,华为在经济不景气时期,以及事业成长暂时受挫阶段,或根据事业发展需要,起用自动降薪制度,其实这种做法的真正目的在于,不断地向员工的太平意识宣战。在1996年通讯产品市场爆发大战前,华为的市场体系有30%的员工下了岗,其中有曾经立下汗马功劳而又变为落后者的员工。这一次变革,让华为人认识到:"在市场一线的人,不允许有思想上、技术上的懈怠。必须让最明白的人、最有能力的人来承担最大的责任。"从此,华为形成了干部是没有任期的说法,那些居功自傲、故步自封的人,在企业快速发展的压力下,不得不断提高个人素质,不断提高工作能力。

对中高级主管,华为实行职务轮换政策。没有基层工作经验的人,不能担任科以上干部;没有周边工作经验的人,不能担任部门主管。华为对基层主管、专业人员和操作人员实行岗位相对固定的政策,提倡爱一行,干一行;干一行,专一行。爱一行的基础是要通得过录用考试,已上岗的员工继续爱一行的条件是要经受岗位考核的筛选。

在华为,每个员工通过努力工作,以及在工作中增长的才干,都可能获得职务或资格的晋升,与此相对应,保留职务上的公平竞争机制,坚决推行能上能下的干部制度。公司在尊重人才的同时,遵循人才成长规律,依据客观公正的考评结果,建立对流程负责的责任体系,让最有责任心的明白人担负重要的责任。华为不拘泥资历与级别"按公司组织目标与事业机会的要求,对有突出才干和突出贡献者实行破格晋升"。

3.兼顾效率与公平的人才激励机制

从表面看来,华为人才济济似乎是因为他提出了"员工待遇向外资企业看齐",如此诱人的条件,当然会有很多人怦然心动。但实际上,其深层次的原因是华为奉行"效率优先、兼顾公平"的人力资源原则。在公司内部,华为鼓励每位员工在真诚合作与责任承诺的基础上展开竞争,并为员工的发展提供公平的机会与条件。

华为的人才激励机制主要包括以下几方面:

第一,高工资。华为被称为"三高"企业,指的是高效率、高压力和高工资。任正非坚信高工资是第一推动力,因而华为提供的除了高工资,还有奖金与股票分红,内部员工的投资回报率每年都超过70%,有时甚至高达80%。经济利益是最直接、最明显的激励方式,高收入是高付出的有效诱因。

第二,建立内部劳动力市场。引入多种形式的竞争与淘汰机制,允许和鼓励员工更换工作岗位,通过内部劳动力市场和外部劳动力市场的置换,实现内部竞争与选择,促进人才的有效配置。激活员工,最大限度地发现和开发员工潜能。对于一个空出或即将空出的职位,公司就发布内部招聘信息,并且召开竞聘大会,应聘者要做15分钟的演讲,接受评委和观众的提问,由高层领导和专家组成评审委员会,根据竞聘报告和现场表现,当场拍板任职人选。这样,就给了希望向上发展的员工以机会,也为公司发现了人才,而整个竞聘过程更是激励了全体员工奋发向上的精神。

在自由雇佣制下,企业可以随时解雇不适应公司发展要求的员工,这是制度本身的内在属性。华为一方面通过外部劳动力市场调节人员流动量;另一方面又凭借内部建立的劳动力市场,运用内部公开竞聘方式、岗位调动、外派、下岗培训、辞退等灵活的竞争与淘汰机制,推动干部能上能下,促进优秀人才脱颖而出,实现人力资源的合理配置,铲除沉淀层,激活现有人力资源。

第三,"公平竞争,不唯学历,注重实际才干"。华为看重理论,更看重实际工作能力,大量起用高学历人才,也提拔读函大的高中生。在华为有年仅19岁的高级工程师,也有工作7天就提升为高级工程师的,不论资排辈,只重实际能力。华为大胆地起用年轻人,一位只有25岁的华中理工大学毕业生就当上了带领500多人的中央研究部主任,这在其他企业是难以想象的。中国科技大学毕业的李一南到华为的第二天就被提升为工程师,两个星期后成为主任工程师,半年后任中研部副总经理,一年后升任中研部总经理。次年,23岁的李一南成为公司最年轻的副总裁。华为大胆的用人策略,让员工看到了希望,激发了员工的事业心,使大批年轻人成为公司的中坚力量。

第四,客观公正的考评。华为的考评工作有着严格的标准和程序,是对员工全方位的考评,考评的依据依次是:才能、责任、贡献、工作态度与风险承诺。对于绩效的考评是重点,宜细不宜粗;对于工作态度和工作能力看重长期表现,宜粗不宜细。客观公正的考评,是对人才工作绩效的正确评价,是实行激励方案的保证。根据斯金纳的强化理论,人的行为会受到外界正强化、负强化和消退强化的影响,而对员工采用的强化手段,是要以考评结果为依据。

第五,实行有差别的动态福利保险制度,解决好长期报酬政策与短期报酬政策之间的矛盾,防止企业所需要的优秀人才的流失以及人员沉淀。在华为,安全退休金等福利的分配依据工作态度的考评结果;医疗保险按贡献大小,对高级管理和资深专业人员与一般员工实行差别待遇,高级管理和资深专业人员除享受医疗保险外,还享受医疗保健等健康待遇。

第六,建立价值分配体系的核心,即倡导与考核评价体系相对应的基于能力主义的"职能工资制度"。华为以业界最佳的工资报酬水平的80%,吸纳一流人才,以过滤单纯追求利益的人,使有事业心、有抱负的优秀员工加盟。并在内部依据个人承担的责任、所具有的能力和做出的贡献,充分拉开工资收入差距。职能工资制的实行,使各类人员的工资待遇与其责任、能力和贡献挂钩,避免将所有员工都朝"官位"一条道上驱动的倾向。员工可以在不同领域根据自己的特点去选择其适合的发展方向,职能工资制还为公司内部人才流动提供了条件。这些有效的激励机制都为华为提高企业核心竞争力,增加人力资本的能动作用起到了积极的作用。

华为集团这种"效率优先、兼顾公平"的激励机制,在保证公司经济效益提高的前提下,激发了员工的积极性和创造性,使华为集团整个团队的水平和员工个人的素质有了提高。这也正体现了华为培养像狼一样的人才在公司的发展中起了决定性的作用,成为狼性文化的决定力量、核心竞争力的主导因素。

4.培养和发展员工

作为民营高科技企业,华为集团很重视对员工的培训。具体来说,对于新员工实行导师制。每个新员工进入企业,都有一名老员工担任他的导师,导师要帮新人解决各方面的问题,如介绍工作流程、领取工作用品,要会照料生活,如租房子等。

过了试用期,新员工成为正式员工后,还要参加多种培训:各部门都有自己的培训时间,有高水平的培训教师和教材帮助员工提高技术。

为帮助员工发展,公司制定了一套对员工的评价体系,包括绩效、职位、心态、品质和潜力五个方面。由部门主管经理每季度对员工进行考核,积累一年后,公司给员工建立关键数据库,用以评价员工一年的工作。数据库中包括公司对员工的评价、部门主管对员工的综合评价等。这套评价体系透明度很高,因为所有的评价是直接与员工见面的,员工如果对上级的评价不满,可以越级申诉,公司经过调查后会据实调整数据库。因而既可评价员工,也可评价部门主管。

华为实行在职培训与脱产培训相结合、自我开发与教育开发相结合的开发方式,让员工素质适应企业的发展,同时充分让员工得到个人能力的提高。华为为此提供持续的开发培训,并且每年都要派出大量的管理人员、技术人员到国外考察、学习、交流,优化了重要领域的人员素质,为有进取精神的人才提供了优厚的提高知识和素质的机会,这个机会是当前高素质人才最看重的,有着很强的激励效果。

华为通过持续不断的人力资源教育培训系统,挖掘每个人的潜力,使每个人在工作实践中增长才干,优化知识结构,增强职业适应能力,通过个人职业生涯的设计,伴随公司的成长与发展,实现个人职业生涯的辉煌。

5.坚持"知本主义"

所谓"知本主义",是指以知识为"资本"的观点。在知识经济中,知识是资本的重要构成部分,20世纪80年代中期发展起来的增长理论认为,经济增长是经济体系内部力量的产物,知识和人力资本是"增长的发动机",企业可以通过对知识的有效管理促成组织体知识的增值。

华为最成功的,不是工资,也不是奖金,而是股金。《华为公司基本法》中明确指出,公司实行员工持股制度,坚持"知本主义",即"我们是用转化为资本这种形式,使劳动、知识以及企业家的管理和风险的累积贡献得到体现和补偿,利用股权的安排,形成公司的中坚力量和保持对公司的有效控制及公司可持续成长。"公司实行员工持股制度,"一方面,结成公司与员工的利益共同体;另一方面,不断地使最有责任心和才能的人进入公司的中坚层"。

华为集团实行按劳分配和按资分配结合的制度,公司的股权分配强调持续性贡献,主张向核心层和中间层倾斜。华为的基本做法是将价值评价结果转化为奖金,再将奖金转化为股权,然后利用这种剩余索取权,分享公司的利润。由于公司仍处于发展阶段,急需大量资金,但外部债务融资的成本又比较高,因此,公司采取了向内部员工融资的方法,这种方法使得大部分员工都将其除了日常工资之外的所得全部投入公司中去,作为回报,员工可以得到相应数量的公司股份。

员工持股制度,是按知分配的。华为把员工的知识劳动应得的一部分回报转化为股权,即转化为资本,股金的分配又使得由股权转化来资本的收益得到体现,通过股权和股金的分配来实现知识资本化。员工的股份是不可转让的,如果要退出公司,只能以初始出资价出售给公司,这样想离开公司的代价就会变得很高。越是公司重要的人员,持有的股份越多,离开的代价也越大,所以这是企业的一项长期激励方法,体现了知识的价值,保证了企业的稳定。换句话说,员工退出的"机会成本"是非常高的。由于越是高层员工,持有的股份越多,"机会成本"也越高,因而越不容易离开和"背叛"公司。正是这种高昂的"机会成本"使得公司能够有效地保持稳定性和对员工的控制,提高了公司员工的长期激励。这种做法,用"金手铐"形容或许比"胡萝卜加大棒"更为贴切。还有组织权力,也按照知识的价值来分配,组织权力的分配形式是机会和职权,因而知识可以通过职权分配来表现。

然而，并不是每一个员工都能得到公司的股份。只有为公司服务一定时间以上的员工才有资格购买公司的股份，刚进公司不久的员工是没有这种资格的。当然，这一部分员工大都是公司普通的员工，而管理人员，特别是有一定级别的管理人员，由于他们在公司的服务时间比较长，大都持有相当数量的公司股份。按管理层的级别来分配股权有两方面的作用：一是可以鼓励已得到权的管理人员积极工作，二是会对没有得到股权的新员工产生激励作用。

一个成功的公司治理机制，应当解决两个问题：一是人才选择，二是长期激励。由于华为成功地解决了这两个问题，华为的企业核心竞争力像狼一样凶猛，这一点对许多企业有着重大的启示作用。

思考：

1.华为集团的"尊重人才，但不迁就人才"，"人力资本的增值一定要大于财务资本的增值"的人力资源管理思想发挥了怎样的作用？这一思想对我们有何启示？

2.华为集团的激励机制是怎样建立起来的？其代表性制度有哪些？

任务三 人力资源管理常用专业术语

一、组织结构

组织结构是组织内部分工协作的基本形式或框架。随着组织规模的扩大，仅靠个人指令或默契远远不能够实现高效分工协作，它需要组织结构提供一个基本框架，事先规定管理对象、工作范围和联络路线等事宜。

组织结构是组织正常运转的载体。组织结构设计是指以企业组织结构为核心的组织系统的整体设计工作。它是企业总体设计的重要组成部分，也是企业管理的基本前提。

组织结构图是反映组织结构的图表，其绘制方法是：

1.框图一般要画四层，从中心层计算，其上画一层，其下画两层，用框图表示。中心层框图最大，上层稍小，以下两层逐渐缩小。

2.功能、职责、权限相同机构（岗位或职务）的框图大小一致，并列在同一水平线上。

3.表示接受命令指挥系统的线，从上一层垂下来与框图中间或左端横向引出线相接。其高低位置表示所处的级别。

4.命令指挥系统用实线，彼此有协作服务关系的用虚线。

5.具有参谋作用的机构、岗位的框图，用横线与上一层垂线相连接，并画在左、右上方。

如图 1-1 所示,为某大型企业的组织结构图。

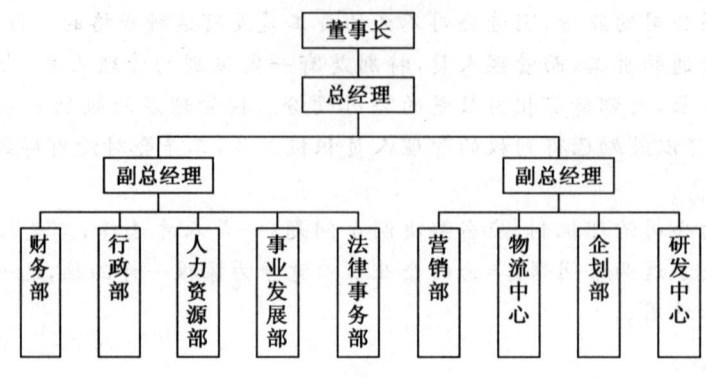

图 1-1　某公司的组织结构图

二、工作分析与岗位研究

(一)工作分析

工作分析也可以叫作职务分析或者岗位分析,它是确定完成各项工作所需的技能、责任和知识的系统过程,需要对每项工作的内容进行准确的描述,对完成该工作的职责、权力、隶属关系、工作条件提出具体的要求,并形成工作说明书,为人力资源的战略规划、招聘配置、绩效考评、培训开发、薪酬福利、劳动关系等项管理提供规范和标准的过程。

(二)岗位研究

工作分析与岗位研究密不可分。岗位研究是岗位调查、岗位分析、岗位设计、岗位评估和岗位分级等各项活动的总称,这五个基本环节构成的一个完整的体系,以岗位研究为上位概念,以岗位调查、岗位分析、岗位设计、岗位评价以及岗位分类为下位概念,组成了一个完整的概念体系。下面对岗位调查和岗位设计进行重点介绍。

1.岗位调查

(1)岗位调查的意义

工作岗位调查是岗位研究的重要组成部分,只有搞好岗位调查,才能准确、全面、系统地占有丰富的原始资料,顺利进行岗位分析和评价,正确地认识岗位的性质和特征,达到岗位研究的目的。深入进行工作岗位调查,是实现工作岗位研究的各项任务,提高岗位分析、评价与分类质量的首要环节和重要保证。

岗位调查是以工作岗位为对象,采用科学的调查方法,收集各种与岗位相关的信息和资料的过程。岗位调查的内容包括调查岗位的性质、内容、程序、名称、工作地点,担任本岗位员工的职称、职务、年龄、技术等级、工资等级等,职责、任职资格,工作危险性,劳动强度、劳动姿势,设备和工具复杂程度、工作条件,劳动环境及其他。通过岗位调查,以便对岗位进行描述,改进工作岗位设计,制定各种人事文件,为岗位评价和分类提供依据。

(2)工作岗位调查的内容

①本岗位工作任务的性质、内容和程序,完成各项任务所需要的时间及其占工作日制度时间的百分比。

②本岗位的名称、工作地点,担任本岗位员工的职称、职务、年龄、工龄、技术等级、工

资等级等。
　　③本岗位的责任。
　　④承担本岗位的资格、条件。
　　⑤担任本岗位工作所需要的体力。
　　⑥本岗位的工作危险性。
　　⑧本岗位的劳动强度、劳动的姿势、空间、操作的自由度等。
　　⑨本岗位使用的设备和工具的复杂程度。
　　⑩工作条件和劳动环境，如空气流速、温度湿度、噪声、工作地照明、粉尘、有毒有害气体、雾滴、震动、热辐射等。
　　（3）工作岗位调查的方式
　　①面谈
　　面谈是指为了获得岗位的相关信息，调查人直接与员工见面，调查其所在岗位的情况的方法。通过面谈不仅可以掌握现场观察或书面调查所不能获得的情报和资料，还能进一步证明现有资料的真实性和可靠性。
　　面谈进行以前，调查人应先拟定调查提纲，列出所有需要调查的事项。面谈时，应按照问题的顺序一一发问，并作详细记录，对被调查人难以回答或故意回避的问题，可暂时中止。面谈选择的对象应尽量广泛一些，不仅要约见主管人员，也要约见一般人员；不仅要对担任本岗位的人员进行调查，也要对与本岗位有联系的其他人员进行调查，这样才能掌握经常性和非经常性工作的详细情况。
　　②现场观测
　　现场观测是指调查人直接到工作场所进行实地观察和测定。如测时、工作日写实、工作抽样等。现场观测时应注意：
　　对调查的工作事项要多提几个为什么。例如：做什么？如何做？为什么这样做？什么时候做等。
　　调查人应在不引人注意的地方进行观察记录，以防干扰员工的正常工作。为了掌握全面的情况，应选择多处场地对同类岗位（工作）进行观察，可消除员工个体特征对调查结果的影响。
　　③书面调查
　　书面调查是指利用调查表进行岗位调查的方法。调查表由专业人员在调查之前设计编制。被调查人接到调查表后，应按调查项目逐一认真填写。书面调查结果的可靠性和准确性，一般受到两个因素的影响：一是调查表本身设计的合理性；二是被调查人文化水平的高低及填写时的诚意、兴趣和态度。一般来说，书面调查应与其他调查方式结合起来使用，才能保证岗位调查资料的完整性和全面性。
　　进行岗位调查时，采用何种方式应视具体情况而定。在岗位数目较少的企业进行调查时，可采用面谈或现场观测的调查方式。在规模较大、岗位设置繁杂的企业进行调查时，可综合采用上述三种调查方式，对一般岗位采用书面调查的方式，对一般岗位个别不清楚的调查项目采用面谈及现场观测的调查方式加以复查、更正和补充。

2.岗位设计

岗位设计是在岗位分析的信息基础上,研究和分析岗位工作如何做以促进组织目标的实现,以及如何使员工在工作中得到满意以调动员工的工作积极性。

(1)岗位设计的原则

①人本主义原则

人本主义的原则应从两个方面来理解:首先从管理哲学角度,牢牢把握以人为中心的思想,工作难易要适度,正确处理好人与工作的关系,使二者有机地结合起来。其次,从心理学角度,要认真考虑工作者的个人特征,从工作环境中的社会心理因素、整个组织的气氛和管理方式等因素进行协调考虑。

②效率的原则

岗位设计需要说明岗位应该如何做才能最大限度地提高组织的效率和劳动生产率。组织的效率是组织生存的基础,工作设计应注意提高工效,满足组织的要求。

③适合技术要求的原则

岗位设计应注意技术学的要求,这也是岗位设计中出现千差万别的主要原因之一,所以,要注意工艺流程、技术要素、生产和设备等条件对工作设计的影响。

(2)岗位设计的五大步骤

①确定自然的工作单位。这意味着让集体工作构成一个完整和有意义的整体。

②合并任务。即尽可能把独立的和不同的工作合成一个整体。

③建立和顾客之间的关系。这意味着使生产者及其产品的使用者相联系,这样可以让生产者知道被判断的标准。

④直接分配任务。即尽可能地给生产者计划、参与、控制自己的工作的权利。

⑤公开信息反馈渠道。尽可能给生产者更多的生产结果的信息,如成本、产量、质量、组织结构、消费者的抱怨等。

三、其他常用术语

1.任务:达到一定的工作目标而进行的一项劳动活动。

2.职务:职务及岗位名称,对某一工作岗位(职位)特定的指称。如局长、处长、科长和科员等。它与"职位"一词的区别在于:"职务"主要强调的是规定员工应该承担工作的内容和要求,而不是工作任务的地点和时空条件。

3.职责:岗位的职务、任务与责任。根据岗位的性质和特点,对岗位员工全部的工作任务和工作责任,从时间、空间上所做出的界定。

4.职权:是指职务范围以内所应具有的权力。

5.权限:依照企事业单位的有关规章制度,为了保证员工尽职尽责地完成本岗位各项工作任务,对其岗位职责内可行使的权力范围和内容所做的界定。

6.职位:职位亦即岗位,特指国家行政机关中的工作岗位。

7.职数:某一职务层次上所设置的岗位数量。

8.职称:指专业技术人员的专业技术水平、能力,以及成就的等级称号,是反映专业技术人员的技术水平、工作能力。

9.岗位:一个组织、一个单位甚至一个岗位就是一个系统。它是有着一个组织、单位或岗位独立承担的各种各样既有区别又相互依存的工作任务组成的一个有机的统一体。

10.编制:指组织机构的设置及其人员数量的定额和职务的分配。

自主学习任务

一、实训任务:上机,在 word 中绘制组织结构图

第一步,选择 SmartArt 图形类型。这一步就是先把最初的组织结构图创建出来,我们启动一个新的文档。我们在文档中输入"企业组织结构图",设置字号。如图 1-2 所示。

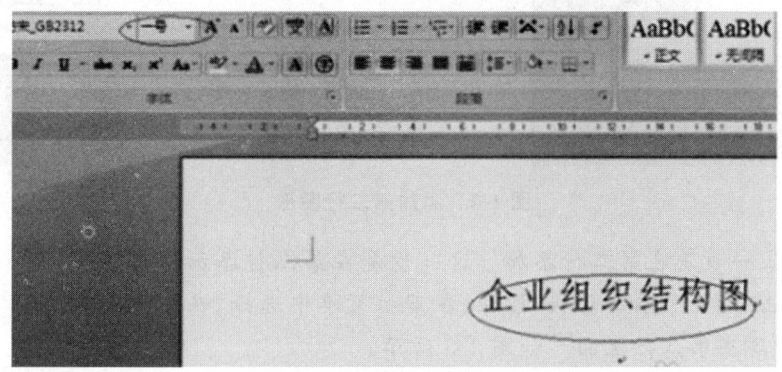

图 1-2　选择图形类型

第二步,单击"插入"/"SmartArt",弹出"选择 SmartArt 图形"对话框,在该对话框左侧列表中选择"层次结构",在中间区域选择"表层次结构",右侧我们可以看他的一些说明,点击确定,这样我们就做好了最初的组织结构图。如图 1-3 所示。

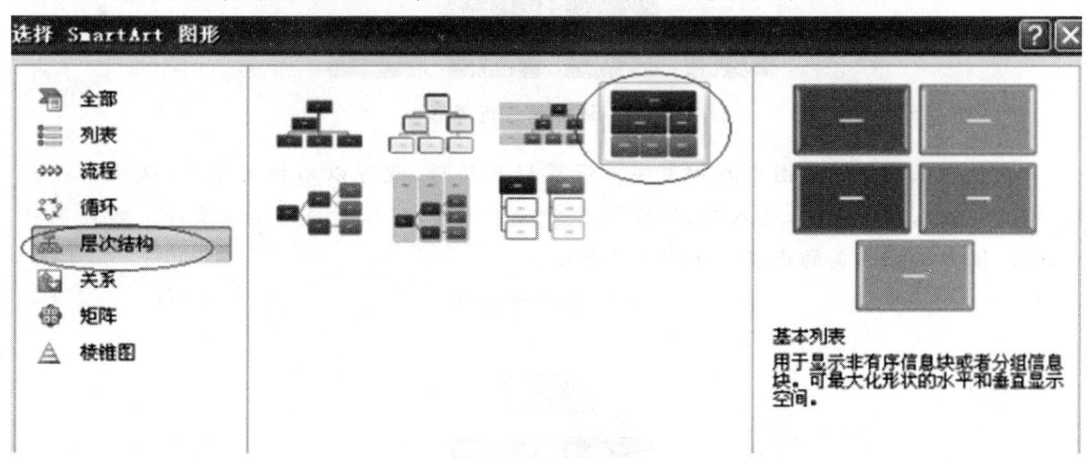

图 1-3　选择层次结构

第三步,设置组织结构图的布局。可以根据需要改变一些布局;单击"设计",可以看见基本栏中间区域"更改布局",在这里选择"组织结构图"。

第四步,默认的图形可能还不符合我们的要求,选中第一行的矩形图形,然后单击"设计""添加形状"按钮,在下拉菜单中选择"添加助理"选项。如图1-4所示。

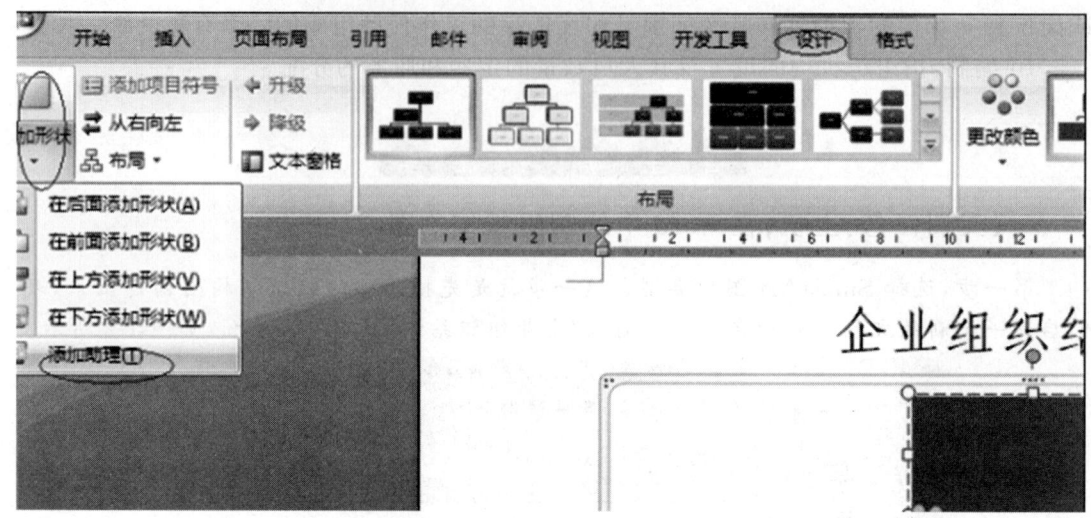

图1-4　添加第二行图形

第五步,上一步是在第二行添加。这一步是在第三行添加图形。选中第一行的矩形图形,然后单击"设计""添加形状"按钮,在下拉菜单中选择"在下方添加形状"选项,这样新形状就会出现在第三行里面。如图1-5所示。

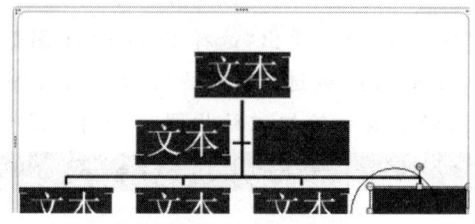

图1-5　添加第三行图形

第六步,在组织结构图中添加文字。设置好布局后,就可以添加文字了,选中第一行矩形,确定插入点在其中,输入"总经理",再输入的时候,字体会自动调节大小。按照同样的方法,依次输入相关的内容。如图1-6所示。

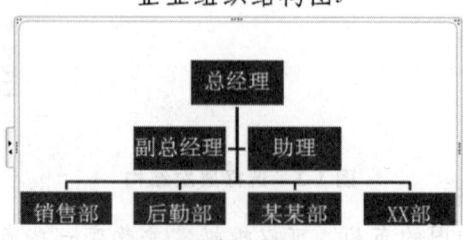

图1-6　添加文字

二、课堂小游戏：谁是卧底？

（一）游戏目的：区分相近或相似专业术语

（二）游戏过程

1.主持人准备2个相近的词语如"职称""职务"，写L张卡片（纸张之类都可以），注意：2个词语，其中一个写1张，另外一个词写L-1张，如7个人参赛，词语为"职称""职务"，则"职称"写6张，"职务"写1张，或者反之，都可以。

2.主持人将写好的卡片分发给参与者，参与者之间不知道对方的卡片写的是什么词。拿到那张与众不同的卡片的参与者就是卧底。

3.每人每一轮用一个词或者短语来描述自己手中卡片上的词（当然不能直接说出那个词！！！），卧底需要抢先明白自己是卧底，并且想办法不让其他人猜到，而其他人要尽可能贴近地描述自己卡片上的词，以此来找到卧底。

4.每轮结束后，可以是L个参赛者自己给其他参赛者投票，也可以是M个围观者给他们投票。将票投给他们认为是卧底的人。得票最多的人出局，若是两个人同样多，那么此轮作废，继续下一轮。

5.最后若卧底撑到只剩下W个人（W可事先根据参赛人数自行约定），则卧底获胜，反之，则大部队获胜。

三、案例学习：王厂长的"等级链"

王厂长总结自己多年的管理实践，提出在改革工厂的管理机构中必须贯彻统一指挥原则，主张建立执行参谋系统。他认为，一个人只有一个婆婆，即全厂的每个人只有一个人对他的命令是有效的，其他的是无效的。如书记有什么事只能找厂长，不能找副厂长。下面的科长只能听从一个副厂长的指令，其他副厂长的指令对他是不起作用的。这样做中层干部高兴，认为是解放了。原来工厂有十三个厂级领导，每个厂级领导的命令都要求下边执行就吃不消了。一次有个中层干部开会时在桌子上放一个本子、一支笔就走了，散会他也没回来。事后，我问他搞什么名堂，他说有三个地方要他开会，你这里熟，所以就放一个本子，以便应付另外的会。

王厂长规定，厂长一周两次会，每次两小时，而且规定开会迟到不允许超过五分钟。所以会议很紧凑，每人发言不许超过15分钟，超过15分钟就停止。

王厂长认为，"上下级领导界限要分明。副厂长是我的下级，我做出的决定他们必须服从。副厂长和科长之间也应如此。厂长对党委负责，我要向党委打报告，把计划、预算决算弄好后，经批准就按此执行。所以我跟党委书记有时一周一面也不见，跟副厂长一周只见一次面我认为这样做是正常的"。

王厂长规定，"厂内报忧不报喜，工厂一切正常就不用汇报，有问题来找我，无问题各忙各的事"。

王厂长认为："一个人管理的能力是有限的，所以规定领导人的直接下级只有5~6个人。我现在多了一点，有9个人（4个副厂长、2个顾问、3个科长）。这9个人我可以直接布置工作，有事可直接找我，除此以外，任何人不准找我，找我也一律不接待。"

思考：
1. 王厂长的等级链反映了什么样的管理原理？
2. 你如何评价他的各种"新规"和管理风格？
3. 王厂长说，"这9个人有事可以直接找我"，他的这种规定有无违法管理基本原则？

任务四　编制工作说明书

一、对工作说明书的基本认识

工作说明书又称职务说明书或岗位说明书，它是对某一工作的性质、任务、责任环境、处理方法及对任职人员资格条件要求所做的书面记录。它是对工作分析的各种调查资料加以整理、分析、判断所得的结论编写成的一种文件，是工作分析的结果。

工作说明书目前已经成为现代人力资源管理的核心工具。几乎人力资源管理的全部工作，如员工招聘、培训规划、绩效考核、薪酬设计、人力资源规划，甚至员工职业生涯规划等，都是在围绕它开展的。可见编制一份详细、完整、科学的工作说明书对一个人力资源管理者的重要程度。

工作说明书的编制过程一般都是先进行岗位分析，发放大量的岗位调查问卷，再根据调查和分析的结果进行编制。工作说明书的详尽程度或具体项目需视工作说明书使用目的而定。如果工作说明书是用来教导人员如何工作的，则工作说明书对工作内容必须详加说明。如果工作分析是为了工作评价，则应着重说明工作职务的繁简及责任的轻重。

二、工作说明书的编制内容

一份完整的工作说明书包括工作说明（或工作描述）与工作规范两大方面的内容。工作说明规定了对"事"的要求，是对有关工作职责、工作内容、工作条件以及工作环境等工作自身特性所进行的书面描述；工作规范规定了对"人"的要求，如对人的知识、能力、品格、教育背景和工作经历等方面的要求。当然，工作说明和工作规范也可以分成两个文件来写。

（一）工作说明的具体内容

1. 基本信息：包括职务名称、职务编号、所属部门、职务等级、指定日期等。

2.工作活动和工作程序:包括工作摘要、工作规范、工作范围、职责范围、工作设备及工具、工作流程、人际交往、管理状态等。

3.工作环境:包括工作场所、工作环境的危险、职业病、工作时间、工作环境的舒适程度等。

(二)工作规范的具体内容

1.任职资格和基本素质:包括年龄要求、学历要求、专长领域、工作经验要求、接受的培训教育、性格要求等。

2.生理素质:包括体能要求、健康状况、感觉器官的灵敏性等。

3.综合素质:包括语言表达能力、团队合作能力、进取心、职业道德素质、人际交往能力、性格、气质、兴趣等。

三、工作说明书的样式

工作说明书的编写并没有绝对固定的统一模式,需要根据具体的工作特点、目的和要求来选择,在实践中,通常有以下两种形式供选择:

(一)叙述式工作说明书

叙述式工作说明书就是对相关内容直接加以陈述的一种表达形式。

范例

某企业"招聘专员"工作说明书

职务名称:招聘专员

所属部门:人力资源部

直接上级职务:人力资源部经理

职务代码:XL—HR—021

工资等级:09—13

工作目的:为企业招聘优秀、适合的人才

工作要求:

  1.制订和执行企业的招聘计划;

  2.制定、完善和监督执行企业的招聘制度;

  3.根据企业发展情况,提出人员招聘计划;

  4.执行企业招聘计划;

  5.制定面试工作流程;

  6.安排应聘人员的面试工作;

  7.应聘人员材料管理;

  8.应聘人员材料、证件的鉴别;

  9.负责建立企业人才库;

  10.完成直属上司交办的所有工作任务。

衡量标准：
　　上交的报表和报告的时效性和建设性；
　　工作档案的完整性；
　　应聘人原材料的完整性。
工作难点：
　　如何提供详尽的工作报告。
工作禁忌：
　　工作粗心，不能有效地向应聘者介绍企业的情况。
职业发展道路：
　　招聘经理、人力资源部经理。
任职要求：
　　曾从事人事招聘工作2年以上；
　　本科，大专以上需要从事该专业3年以上；
　　熟练使用 Microsoft Office。
生理要求：
　　年龄：25～35；性别：不限；身高：女性1.55～170米；男性160～185米；体重：与身高成比例，在合理的范围内均可；视力：正常视力或矫正视力正常；健康状况：无残疾，无传染病；外貌：无畸形，相貌出众更好；声音：普通话发音标准，语音和语速正常。
知识和技能要求：
　　英语达到国家四级水平；熟练使用 windows 和 office 系列软件。
特殊才能要求：
　　能够准确、清晰、生动地向应聘者介绍企业情况；
　　能够准确、巧妙地解答应聘者提出的各种问题；
　　能够准确、快速地将希望表达的内容用文字表述出来；
　　能够将多项并行的事务安排得井井有条。
综合素质：
　　有良好的职业道德，能够保守企业人事秘密；
　　独立工作能力强，能够独立完成布置招聘会场、接待应聘人员、应聘者非智力因素评价等职务；
　　工作认真细心，能认真保管好各类招聘相关材料；
　　有较好的公关能力，能准确把握同行业的招聘情况。
其他要求：
　　能够随时准备出差；
　　不可请一个月以上的事假。

（二）表格式工作说明书

表格式工作说明书是将说明书的内容以表格化的形式表达出来，如表1-1所示。

表 1-1　工作说明书

基本信息			
职位名称		职位代码	
所属部门		编制日期	
直接上级		直接下级	
上级人数		下级人数	

工作概要

工作职责

工作联系

	联系对象	联系内容
对内		
对外		

任职资格	
教育背景	
培训经历	
工作经验	
技能技巧	
工作态度	

自主学习任务

一、案例分析：清扫工作该由谁来做

宏伟公司于 1998 年 10 月正式成立，主营业务是开发与生产电子产品。该公司原来是一家国有研究机构，公司现任总经理刘家祥是原研究机构的高级工程师，他在技术领域和学术造诣上堪称泰斗，而对于现代企业管理却不甚精通。为了配合刘家祥的工作，公司为他配备了两名总裁助理，他们都是今年从高校招聘的本科毕业生，对企业管理知识具有一定的了解。公司设立了财务、人力资源、营销和生产四个部门，部门经理分别为杨斌、张杰、王杰和李静。杨斌、张杰、王杰都是原来研究机构的技术骨干，李静是总经理的一个朋友，以前从事私营企业经营。在四个职能部门当中，李静主管的生产部实际上处于核心位置。在生产部门之下，依次设有各车间、班组。

公司满怀信心地投入了运营,各路人马按部就班、各司其职。然而,开业尚不足两个月,公司便在内部员工职责权限划分上接连出现了问题。

先是组装车间,一个包装工不小心将大量液体洒在操作台周围的地板上。正在一旁的包装组长见状立即走上前要求这名工人打扫干净。不料,这名工人一口回绝道:"我的工作职责中没有要求我打扫卫生。我的职责是包装产品,您应该让勤杂工处理这样的工作。"组长无奈,只好去找勤杂工,而勤杂工不在。因为勤杂工是要在当班工人下班后开始清除车间的。于是,包装组长只好自己动手,将地板打扫干净。

第二天,包装组长向车间主任请求处分包装工,得到了同意,谁料到人力资源部门却不予支持,反而警告车间主任越权。车间主任感到不解,并向李静反映了这一情况,请求得到支持。包装组长更是满腹委屈,他反问道:"难道我就该什么都负责?我的职责中也没要求我做清扫工作呀!"

李静觉得自己的车间主任受了委屈,就向总经理反映了这一问题,要求刘总警告人力资源部不要过多地干涉车间内部事务,否则,生产运作会受到不利的影响。但刘总却说:"我只管战略性的重大事务,内部的分工与沟通,你们自己去协商。"

李静尽管感到很吃惊,但还是表达理解总经理的指示,并且与人力资源部经理张杰进行协商。张杰的态度也很积极,马上让秘书拿来工作说明书一起分析。包装工的工作说明书规定:包装工以产品包装工作为中心职责,负责保持工作平台及周围设备处于可操作状态。勤杂工的工作说明书规定:勤杂工负责打扫车间,整理物品,保持车间内外的整洁有序。为了保证不影响生产,工作时间为生产休息时段。包装组长的工作说明书规定:包装组长负责使班组的生产有序、高效,并协调内部工作关系。车间主任的工作说明书规定:车间主任负责本车间生产任务的完成,并且可以采取相应的措施对员工加以激励。人力资源部门的职责主要包括员工的招聘、选拔、培训、考评、辞退、奖惩、工资福利等。

因为员工奖惩权归人力资源部门,因此,人力资源部坚持认为生产部门对员工的处分决定是越权;生产部门则认为,对员工的奖惩应由自己决定,否则难以对员工进行有效管理;包装组长更是感到委屈,并声称要辞职。协商因此陷入了僵局。

思考题:

1.宏伟公司在人力资源管理上目前面临的主要问题是什么?就妥善解决宏伟公司的人力资源管理问题,提出自己的建议。

2.直线经理和人力资源部经理应如何分工?员工奖惩权应归属谁?

3.总经理说,"我只负责战略大事,内部沟通与协商你们自己解决"。如何评价这种说法?

4.案例中,包装工的做法如何妥当?

5.你认为,如何处理同事关系和上下级关系?

二、实训任务：编制工作说明书

利用网络、报纸杂志等招聘信息，编制一份某企业某岗位工作说明书，带到班级分享。

可将作品粘贴于此处

任务五　人力资源规划

一、人力资源规划的内容

人力资源规划包括总体规划与各项业务计划。业务计划围绕总体计划而展开的，其最终结果是保证人力资源总体规划的实现，是整体工作的展开和具体化。

（一）总体规划

人力资源总体规划是指在规划期内人力资源管理的总目标、总政策、实施步骤和总预算的安排。其主要内容包括以下几个方面：

1.阐述在企业战略规划期内，组织对各种人力资源配置的总框架。

2.阐明与人力资源管理方面有关的重要方针、政策和原则，如人才的招聘、晋升、降职、培训与发展、奖惩和工作福利等方面的重大方针和政策。

3.确定人力资源投资预算。

人力资源总体规划着重于人力资源总的、概况性的谋略和有关的重要方针、政策和原则。

（二）业务计划

人力资源业务计划指总体规划的具体实施和人力资源管理具体业务的部署。人力资源业务计划包括职位编制计划、人员补充计划、人员配置计划、晋升计划、教育培训计划、薪酬计划、保险福利计划、劳动关系计划、退休计划等。

1.职位编制计划

职位编制是根据企业发展的需要，制定企业经营活动需要设立什么职位，设立多少个职位，每个职位需要多少个人，每个职位又需要什么条件的计划。

职位编制计划在人力资源各项业务计划中处于基础地位，职位编制计划的制订直接影响到人员补充计划、晋升计划、培训开发计划的制订。通过职位编制计划，可以保证事得其人、人尽其才、人事相宜，使人力资源管理活动更加科学有效。

2.人员补充计划

在企业发展过程中，由于退休、辞职、解雇等常规性人事变动，现有人力资源数量的自然减少或者由于企业规模的扩大和事业的发展，往往需要增加人力资源数量。人力资源补充计划就是以人力资源供求预测为基础，对未来一段时期内所需补充的人力资源的类别、数量及补充渠道等预先做出安排。

一般来讲，空缺的职位逐渐向下移动，最后积累到最低层次的人员需求上来。如果内部无法满足，就必须从外部劳动力市场以较大的代价方能获得。所以，在企业进行招聘录用活动时，必须考虑到若干年后员工的使用情况。

3.减员计划

由于新的生产设备、技术创新或管理创新而市场没有扩大、产品滞销等因素都会减少人力资源需求;转产、提高产品档次等因素可能对人力资源需求进行结构性调整;不适应新技术生产要求的员工、职工将到退休年龄等因素,都需要人力资源管理部门制订减员计划。近年来市场竞争激烈、产品更新迅速,减员成了提高企业竞争力的一个重要手段。

4.人员流动计划

人员流动配置计划是有计划地安排人员流动,以实现企业内部人员的最佳配置。

5.人员晋升计划

人员晋升计划是根据企业需要和人员分布状况,制订员工的提升方案。对于企业来说,要尽量使人和事达到最大限度的匹配,即尽量把有能力的员工放在能够发挥其最大作用的岗位上。这对于调动员工的积极性和提高人力资源利用率是非常必要的。晋升不仅使员工个人目标得以实现,也意味着工作责任和挑战的增加,使员工在追求个人利益的同时,企业组织也获得更多效益。

6.人员培训开发计划

人力资源是一种可再生资源,企业通过有计划、有步骤的地对现有人员进行分门别类的培训,充分开发现有人力资源的潜力,培养出企业发展所需要的合格人才和复合型人才,使人与工作更好地相适应。

7.薪酬激励计划

薪酬激励计划是企业人力资源管理的一项重要内容。对于企业来说,薪酬激励计划一方面是为了确保企业人工成本与企业经营状况保持相当的比例关系,另一方面是为了充分发挥薪酬的激励作用。

8.员工职业生涯规划

员工职业生涯规划是指企业对员工的职业发展做出系统的安排。企业通过员工职业生涯规划,能够把员工个人的职业发展和组织需要结合起来。特别是对于有发展前途的员工,企业要设法将其留下,使其成为企业宝贵的资源。为了防止这部分人员流失。就必须有计划地使他们在工作中得到成长和发展。企业组织如果不能满足个人发展的需求,就会导致人员的流失。

二、人力资源规划的作用

(一)满足企业总体战略发展的要求

在市场竞争激烈的环境中,企业只有不断地开发新产品,引进新技术,才能确保在竞争中立于不败之地。而不同的企业和不同的生产技术条件,对人力资源的数量、质量、结构等方面的要求是不一样的。新产品、新技术的开发和运用造成机器设备与人员配置比例的变化,这就需要企业对其所有的人力资源进行不断的调整。

(二)促进企业人力资源管理的开展

人员规划为企业组织的招聘、录用、晋升、培训、人员调整、人工成本的控制等人力资源管理活动提供准确的信息和依据,使企业人力资源管理工作更加有序、科学、准确、客观。

(三)协调人力资源管理的各项计划

企业通过人员规划可以将人员招聘计划、员工培训开发计划、薪酬福利计划和激励计划有机地联系在一起。

(四)提高企业人力资源的利用效率

人员规划可以控制企业的人员结构,可以保证企业利用结构科学合理的、稳定的员工队伍去实现企业的生产经营目标。

(五)使组织和个人发展目标相一致

现代企业人本管理理论要求在企业管理中,既要注重生产经营效益,又要兼顾员工个人的利益、员工的发展。在人员规划的前提下,员工对自己在企业中的努力方向和发展方向是明确的,从而在工作中表现出较强的积极性和创造性。

三、人力资源规划的环境分析

(一)外部环境分析

1.经济环境方面的各种变化在宏观上改变着企业员工队伍的数量、质量和结构,它对企业人力资源需求影响较大。其影响主要体现在以下几个方面:

(1)经济形势。当经济处于萧条期时,人力资源的获得成本和人工成本较低,但是企业受经济形势的影响,对人力资源的需求减少;当经济处于繁荣期时,企业对人力资源的需求量会增加。

(2)劳动力市场的供求关系。劳动力市场上的各种人才的供求关系对于企业获得各种人才的成本、难易程度都有较大的影响。

2.人口环境

人口环境因素包括人口规模、结构和质量等。人口环境,尤其是企业所在地区的人口环境,对企业获取人力资源有着重要的影响。

3.科技环境

科学技术环境对企业人员规划的影响是全方位的。比如,计算机网络技术的飞速发展,使得网络招聘等成为现实;新技术的引进与新机器设备的应用,使得企业对低技能员工的需求量减少,对高技能员工的需求量增加。

4.文化法律等社会因素

社会文化反映民众的基本信念、价值观,对人力资源管理有间接的影响。例如不同的文化背景下对待劳动关系的观点就有所不同。

影响人力资源活动的法律因素有:政府有关的劳动就业制度、工时制度、最低工资标准、职业卫生、劳动保护、安全生产等规定,以及户籍制度、住房制度、社会保障制度等,都会影响到人力资源管理工作的全过程。

(二)内部环境

1.企业的行业特征

企业的行业属性不同,企业的产品组合结构、生产的自动化程度、产品的销售方式等内容也不同,因此企业对所需的人力资源数量和质量的要求也不同。比如,对于传统的生产性企业而言,生产技术和手段都比较规范和程序化,人员招聘来源大都以掌握熟练技术的工人为主;而对于现代的高科技企业而言,则需要技术创新型的技术开发人员。

2.企业的发展战略

企业在制定人员规划时,要着重考虑企业发展战略,以保证企业人力资源符合企业战略目标的要求。

3.企业文化

企业文化对企业的发展有着重要的影响,好的、适合的企业文化,能加强企业的凝聚力,增强员工的进取精神,稳定企业员工队伍,企业面临的人力资源方面的不稳定性因素就会少一些,有利于人员规划的制定。

4.企业人力资源管理系统

企业人力资源管理系统既包括企业所拥有的人力资源的数量、质量和结构等特征,也包括人力资源战略、培训制度、薪酬激励制度、员工职业生涯规划等功能模块,这些都对人员规划有着重要的影响。

四、人力资源规划的程序

人力资源规划的程序可分为七个步骤。

(一)收集采集信息资料

信息资料是制定人力资源规划的依据,搜集信息是各阶段的基础,包括组织外部环境信息和组织内部信息。组织外部信息包括企业的经营战略和目标;组织内部信息包括职务说明书,现有人力资源的数量、质量、结构及分布状况。

(二)人力资源需求预测

人力资源需求预测是根据组织外部环境信息和组织内部信息,对人力资源需求的结构和数量、质量进行预测。在预测人力资源需求时,应充分考虑各种因素如企业技术、设备条件、规模的变化、企业经营方向的调整、原有人员的流动等对人力资源需求的数量上和质量上以及构成上的影响。

(三)人力资源供给预测

供给预测包括内部人员拥有量预测和外部供给量预测。内部人员拥有量预测是根据现有人力资源及其未来变动情况,预测出计划期内各阶段所能提供的人员数量和质量,它预测的准确度较高。外部供给量预测,即确定在计划期内各阶段可以从企业外部获得的各类人员的数量和质量,不确定因素太多无法控制。

(四)确定人力资源净需求

预测得出的全部人力资源需要减去组织内部可提供的人力资源,结果净需求如果是正,表明未来组织人员供给小于需求,需要通过招聘、内部晋升或调配等方式进行补充;净需求如果是负,表明未来组织人员供给大于需求,需要采取裁员、缩短工作时间等方面进行精简。

(五)制定人力资源规划

根据组织战略目标及本组织员工的净需求量,制定人力资源规划,包括总体规划和各项业务计划,并明确完成时间。根据供求预测的不同结果,对供大于求和供不应求的情况分别制定不同的政策和措施,使人力资源达到供给平衡。同时应注意各项业务计划的相互关联,以确保它们之间的衔接和平衡。

(六)人力资源规划的实施监控

实施是人力资源规划执行中最重要的步骤。在总规划及各项分类计划的指导下,确定企业如何具体实施计划,并建立一整套报告程序来保证对规划的监控。如果没有这个步骤,就会使人力资源具体业务计划的实施流于形式。实施前要做好充分的准备工作,实施时应严格按照规划进行,并设置完备的监控和控制机制,以确保人力资源规划实施的顺利进行。

(七)执行人力资源规划评价、反馈和修正

评价主要从两个方面来进行。首先是对人力资源规划本身的合理性进行判断;其次是对人力资源规划的实施结果,即人力资源规划所带来的效益进行评价。人力资源规划是一个动态的过程。在规划实施过程中,随时检查,及时反馈实施效果,修正原计划的一些项目十分必要。只有适当修正和调整人力资源规划的不足和不当之处,才能保持企业总体目标的实现。反馈要保持信息的真实性,只有获得真实的信息,才有助于人力资源规划的修正。

自 主 学 习 任 务

一、案例分析:公司人力资源规划的制定

何平现任和平公司人力资源部经理助理。11月中旬,公司要求人力资源部在两星期内提交一份公司明年的人力资源规划初稿,以便在12月初的公司计划会议上讨论。人力资源部经理王盛将此任务交给了何平,并指出必须考虑和处理好下列关键因素。

公司的现状。公司现有生产及维修工人850人,文秘和行政职员56人,工程技术人员40人,中层与基层管理人员38人,销售人员24人,高层管理人员10人。

统计数字表明,近五年来,生产及维修工人的离职率高达8%,销售人员离职率为6%,文职人员离职率为4%,工程技术人员离职率为3%,中层与基层管理人员离职率为3%,高层管理人员的离职率只有1%,预计明年不会有大的改变。

按企业已定的生产发展规划,文职人员要增加10%,销售人员要增加15%,工程技术人员要增加6%,而生产及维修工人要增加5%,高层、中层和基层管理人员可以不增加。

任务:在上述因素的基础上为明年提出合理可行的人员补充规划。其中要列出现有的、可能离职的以及必须增补的各类人员的数目。

使用excel上机制作人力资源现状分析表及人员需求预测表。

二、实训任务:人力资源需求预测调研

(一)实训目的

了解中小企业如何选择人力资源需求预测方法。

了解企业现有人力资源规划状况及存在的问题。

(二)方法步骤

1.选择学校附近的不同企业作为调研对象,根据所选行业,分小组确定调研的目的和内容。

2.进行实地调查,对所选择的企业进行走访,了解企业人力资源规划状况和人力资源需求预测方法。

3.总结企业经常采用的人力资源需求预测方法。
4.指出企业人力资源规划状况存在的问题。
5.针对存在的问题,提出具体的解决方法和建议。

(三)实训考核

1.分组时视班级人数来确定小组,每一小组人数以5~8人为宜。
2.小组中要合理分工,分别搜集不同的内容和数据。
3.搜集内容和数据之前要统一认识、统一口径、统一判断标准,讨论要充分。
4.通过采集的资料,进行充分的讨论和分析,小组组长负责调研报告的整理和总结,并上交任课教师做评价。

三、计算题

1.某企业共有员工300人,2010年1月初招进员工30人,3月初辞退员工2人,6月初有5名员工退休,9月初有20名员工离职,12月初新招员工10名。请计算该公司2010年的年平均人数。

2.某企业3月份生产了产品6200件,4月份生产了产品6000件。

问题:3月和4月哪一个月生产效率更高?

【补充条件】企业人员比较稳定:3月1日52人,3月31日48人;4月1日48人,4月30日50人。

3.亚龙公司是一家生产各种体育用品的中型公司,在国内市场上其份额占50%以上,而且产品的市场占有率以一种稳定的速度不断提高。2002年该公司的销售额为5600万元,根据初步市场预测2003年的销售额预计达到6300万元。随着公司的不断发展,人力资源部经理认为有必要对公司各类人员的需要量进行分析。该公司2002年员工人数为1000人,各类员工分布情况如表1-2所示。该公司各类人员比例从1999年至今变化不大,预测未来十年这一比例基本保持不变。请根据以上信息计算2003年亚龙公司的全员及各类人员的需求量。

表1-2 公司各类员工分布情况统计表

人员分类	2002年/人
高层管理人员	100
中层管理人员	200
主管人员	250
生产人员	450
总数	1000

学习情境二　招聘与选拔

学习目标

知识目标：通过本情境的学习，使学生掌握招聘的定义及重要性、招聘的渠道、背景调查的含义及重要性。

能力目标：制作应聘登记表、筛选简历、招聘海报或招聘简章、现场招聘会的实施。

导入情境

案例一

王小姐大学毕业后在一家IT单位做人才外包的招聘专员，"工作任务就是每天在网上查阅简历，然后打电话挖人，或者有简历过来了就约定一下面试时间，后面就没我的事了"。据王小姐说，公司很"变态"，每天要求多少电话量，没有达到就要扣钱，如果一个月没招到人也要扣钱，工资社保交掉剩下1500多，还要担心招不到人被扣钱，另外招到人有提成，但是不多。王小姐感到压力很大，并萌生了离职的念头。她以后想做的还是人力资源管理的工作，而且她也比较喜欢招聘，但是她更倾向于给公司内部各部门招人，而且能够有机会给人初试，想学到更多六大模块的东西。王小姐气愤地说，"目前只是天天打电话，除了电话还是电话，你们说这样就是一个招聘专员所做的工作内容吗？"

（根据"百度知道"《一个外包公司招聘专员的烦恼》改编）

思考：

1.你对王小姐或该公司有何建议？

2.招聘专员可以通过哪些招聘渠道为组织招到合适的人才？

案例二

乐乐是人力资源部新入职的员工，Kitty是人力资源部主管。今天Kitty外出开会，临行前让乐乐仔细了解一下公司目前需要招聘的所有岗位人员，并仔细阅读各岗位的岗位说明书。

正在此时，业务部门的梁经理风风火火地冲进办公室。听同事们说，梁经理是个女强人，在公司是元老级的人物，经常说一不二。由于她的团队业绩一直非常出色，所以领导相当器重她。

只听梁经理急匆匆地说:"接到其他业务处的需求报告,我们经过初步估算,大概需要在本月底招聘到位50名人员进行电话外呼服务操作工作。这个岗位以前没有,赶紧新设一下,事情非常紧急!而且根据初步了解,我们本身人力就不足。知道这个任务太急,你们也不容易,但是不管怎样,至少需要新招聘到30多个人以应对目前紧急的情况。乐乐,需要靠你们的大力帮助了,感谢感谢!要不这个季度的指标就无法完成了,到时候我们都不好办。"

(资料来源:根据《人力资源新手成长手记》(涂熙著)一书中的故事改编)

思考:
1. 假如你是乐乐,你该怎么回答梁经理?接下来你会怎么做?
2. 招聘的合理流程应该怎样设定?

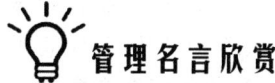

管理名言欣赏

在公司内部,我看不到比招聘更重要的事了。

——宝洁公司CEO雷富礼(A.G.Lafley)

有德有才,破格重用;有德无才,培养使用;有才无德,限制使用;无德无才,坚决不用。

——蒙牛CEO牛根生

任务一 初步了解招聘工作

阿里巴巴公司在一次招聘面试研讨会中说,"我们处在一个独特的行业,招聘人的决定是我们最重要的决定,超过购买技术和设备的决定"。可见现代企业对招聘工作的重视程度。

一、招聘典型工作任务

1. 根据公司人力资源规划、结合人力市场需求状况,制定人力资源招聘中、短期和阶段性规划;
2. 实施各岗位工作分析,编制和维护岗位说明书;
3. 制定、完善与招聘工作有关的流程、程序、规章和规范;
4. 结合公司实际状况和岗位设置情况,开发适合的招聘渠道,如:外部、内部、高级、中级、基层工作人员的招聘渠道等;
5. 公司各项招聘活动的实施、协调和跟进工作;

6.进行招聘效果分析并开展招聘成果跟踪工作；
7.建立和维护工作岗位人力测评题库；
8.维护公司招聘网站；
9.建立和管理公司人才储备资料库。
10.领导交办的其他事项。

二、基本术语

(一)招聘与配置的定义

招聘是为弥补岗位空缺而进行的一系列人力资源管理活动的总称。人员招聘是人力资源管理的首要环节，是实现人力资源管理有效性的重要保证。

配置是通过安排合适的人到合适的岗位上，岗得其人，人得其位，适才适所，实现人与岗位的最佳结合。

(二)招聘的来源

1.内部招募

通过内部晋升、内部调换、工作轮换、人员重聘等方法，从企业内部人力资源储备中选拔出合适人员到空缺或新增的岗位上。这种招聘方式的优点是对内部员工有充分的了解，准确性高、适应快、激励性强、费用低；缺点是容易造成内部矛盾，容易造成近亲繁殖。

2.外部招募

企业并非总能从现有人员中得到所有需要招募的员工，而且有时候企业不愿从内部人员中招募员工，这时就需要企业从外部招募。寻找外部候选人的渠道有广告、就业服务中介机构、校园招聘会、网络、熟人推介、竞争对手挖人、下岗失业者、退伍军人、退休人员。

这种招募方式的优点是能为组织带来新思想、新方法；企业的选择范围广泛，有利于找到一流人才；良好的招募广告以及招聘活动，能为企业树立形象。缺点在于筛选难度大，时间长；外部招募的人员进入角色慢；企业招聘成本大，风险较高；某种程度上影响内部员工的积极性。

三、招聘工作流程

凡事预则立，不预则废。前期准备工作越充分合理，在实施招聘时越高效。招聘专员在招聘前、招聘中、招聘后要做哪些工作呢？如图2-1所示。

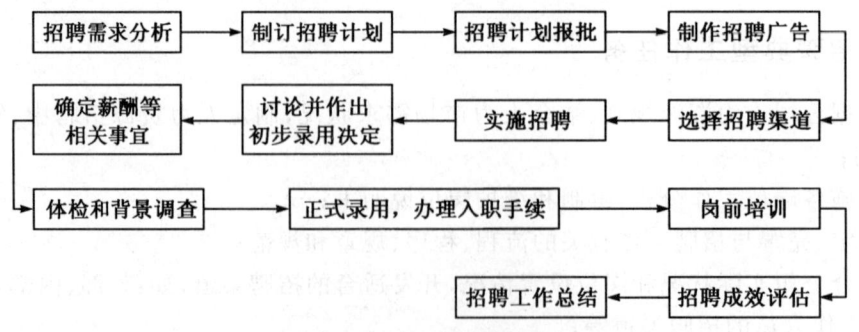

图2-1 招聘流程图

（一）招聘需求分析

当用人部门提出招聘需求时，招聘专员和用人部门的主管一同对招聘进行分析和判断。先在各部门对人力资源的需求状况进行调查，掌握哪些岗位需要多少人员，以及获得这些人员大致需要招聘多少求职者，以制定合理的招聘范围与规范，保证招聘工作有的放矢、有条不紊地按计划实施。

（二）制订招聘计划

人力资源部根据用人单位的增员申请，结合组织的人力资源规划和工作说明书，明确一定时期内需招聘的职位、人员数量、资质要求等因素，并制订具体的招聘活动的执行方案。

（三）招聘计划报批

用人部门的主管需要从人力资源部经理和业务总经理那里获得招聘许可。如果待招聘的人员在人员预算的范围内，可以直接向人力资源部提出招聘请求；如果待招聘的人员在人员预算的范围之外的，必须要经过审批许可。招聘需求确定后，还需结合具体岗位的工作分析和单位的总体人力资源规划来制订详细的招聘计划。

招聘计划的内容制定完毕后，还需提交公司董事会或总经理进行审批，批准后才能进行招聘信息的发布，招聘活动才能继续进行。如果待招聘人员在人员预算范围之内，一般审批程序会进行较快，如果待招聘人员在人员预算之外，公司高层管理人员就需要对招聘的必要性进行审核和论证。确认招聘需求后，获得审批的招聘计划书会直接发送回人力资源部，由人力资源部门的工作人员正式开始获取应聘者的活动。

（四）制作招聘信息广告

招聘信息广告的设计要醒目，能激发受众兴趣，促使受众行动起来，马上投递简历。

招聘广告的内容一般包含以下信息：公司概况、发展前景、工作地点、岗位职务、工作责任、任职资格、工资水平、福利待遇和任职要求。

（五）选择招聘渠道

1.网络招聘流程

招聘专员可通过公司自己的网站、第三方招聘网站等机构发布招聘信息，并且十分方便快捷，时效性强、成本低。

 小资料

专业招聘网站注册流程

第一步：注册企业信息

注册企业信息是必不可少的一步，将企业的主体信息如：公司名、简介、联系方式、所属行业进行登记。登记过程切记不可马虎，因为马虎登记意味着开通后求职者看到的将是马虎的信息，对企业形象和招聘效果都极为不利。

第二步：发布招聘信息

不同招聘网站的规则可能不一样，有的站点在企业基本信息完毕后，可以直接点击先行发布招聘信息。有的招聘网站则需要企业基本信息通过审核后，才可以进入发布招聘信息环节。免费招聘网站在以上步骤完成后往往在招聘网站前台页面即可看到公司的招

聘信息。如果是收费的招聘网站,还需要进入下一个环节。这里主要介绍收费类的专业招聘网站。

第三步:签订招聘合约

在以上步骤都完成后,往往网站工作人员会主动与您联系付费开通事宜。如果您的招聘比较急,当然也可以通过网站客服电话主动联系网站工作人员办理招聘合约。招聘合约一般会注明会员服务时间、简历下载份数、按点按月查阅方式、会员期是否可以暂停、首页推荐时间等,一般都为格式化的合同,仔细阅读一下即可。

第四步:办理付费、开通服务

在前三步都完成,没有任何异议后,可以办理付费手续。开通时间一般一个工作日内。

2. 现场招聘会

招聘专员可以通过第三方提供的场地和求职人员进行直接面对面的对话,现场完成招聘。现场招聘会的形式一般有高校校园招聘会、各地的人才市场、劳动力市场、政府职能部门或者行业协会等公共服务机构主办的人才交流活动。招聘储备人才可参加针对应届毕业生的现场招聘会;招聘基层操作人员可参加人才市场组织的农民工专场等。

3. 圈子招聘

招聘专员可以面向自己的活动圈子,如亲友、熟人、同事寻找和推荐合适的人员。随着即时通信工具的发展和广泛应用,通过QQ群、微信群、论坛等方式面向"网络熟人"发布招聘信息,也成为一种有效的招聘方式。

同时,招聘专员可以通过招投标会议、培训研讨、交流会、座谈会、行业协会等机会认识的竞争对手、合作伙伴,侧面了解其"跳槽"的意愿,挖掘人才。

4. 外包招聘

用人单位将全部或部分招聘及甄选委托给专业的第三方人力资源公司。跨国公司、外资企业、国有大中型企业经常选用这种招聘方式,并且逐渐推广普及。

总之,招聘专员的工作不仅重要,而且复杂。另外,值得注意的是,招聘不仅仅是招聘专员或者人力资源管理部门的工作,组织高层、用人部门都应当充分重视和参与招聘工作。

自主学习任务

实训任务

1. 为厦门美易在线科技股份有限公司制作一份招聘计划书、应聘人员登记表、招聘费用预算表。

2. 创意招聘海报设计大赛(手绘或电脑制作均可),可分组进行。

任务二　甄选

员工招聘活动是人力资源管理工作的重头戏,能否吸引并选拔到优秀的人才已成为企业生存和发展的关键。发布招聘信息吸引求职者前来应聘之后,接下来的事就是从应聘者中甄选出最合适的人员进入组织。研究表明,同一岗位上最好的员工比最差的员工的劳动生产率要高三倍,所以甄选人才的工作意义重大。

甄选是指组织在招聘中,根据岗位的特点和要求,选用科学的方法和恰当的程序,完成对应聘人员的筛选、测验、鉴别、考察、评价等一系列活动。

一般来说,甄选的流程如下:

一、获取资料,筛选简历

发布招聘信息或者参加各种招聘活动,通常可以获得比实际所需之人数多的职位候选人。由于对职位专业技术方面的特别要求,因此需要人力资源的招聘负责人和用人部门的负责人共同对候选人进行初步的筛选。这样能较好地对应聘者的专业技术经验和技能进行判断。

人力资源部门对应聘人员资料进行初步的整理分类后,交给各部门主管,由主管筛选初步具有资格的人员,然后确定参加面试的人选和初步面试时间、报名登记时间,最后由主管填写面试通知,并将应聘人员的资料及面试通知送交人力资源部门,由人力资源部通知面试人员。

筛选简历时,应当注意以下几个方面的内容:简历本身的质量(如果简历都做不好,以后的工作质量也可想而知);求职者的教育背景是否符合招聘职位的基本条件;过去的工作经历的连续性、与拟聘岗位的相似性和一致性程度;跳槽频率等。

二、面试与笔试

面试是应聘者与招聘人员之间正式的、面对面的信息交流过程,也是招聘者与应聘者之间直接的沟通。目前面试也是企业内部评价应聘者的主要方法和人才选拔最重要的手段之一。研究表明,80%以上的企业使用面试作为筛选和录用员工的方法。一些小企业即使不进行人员测评等过程,也会对应聘人员进行必要的面试。

面试时应有招聘专员和用人部门共同参加,重点考察以下几个方面:确认简历中的相关信息,考查应聘者的能力,观察应聘者的个性特征。

面试时,面试官的提问方式非常关键。专家建议,对应聘者进行提问时,下列方式诸如"请给我一个例子……""请描述一个你遇到这种情况的时候……""请告诉我关于……",通过询问应聘者过去经历中的实际案例,要求提供具体的候选人实施该观点的案例,并追问具体细节,可以更好地甄别应聘人员提供的信息的真伪,并判别应聘人员的真实能力和价值观。

笔试通常要考查应聘者的悟性、智商、专业知识,具体内容根据职位和企业文化而定。目前,笔试作为一种有效的甄选手段而被企业广泛应用,一份经过精心设计、内容适当的笔试问卷可以大大地降低决策失误的风险。

笔试的目的是要考察应聘者的业务知识、文字能力和综合分析能力,因此题目内容不一定仅仅局限于职位涉及的具体内容,重点应放在考核应聘者是否具备职位所要求的各种能力。

 小资料

常见面试问题

1.为什么你要申请这个职位?和其他应聘者相比,你认为你的优势在哪里?

2.你正在主持一个会议,意见对立的双方由争辩发展到恶语相向,你怎么办?

3.遇到挫折你会怎么办?假如你有一位固执武断的领导,你会经常提合理化建议吗?

4.当你认为领导犯错时怎么办?

5.工作中你难以和同事、上司相处,你该怎么办?

6.谈谈你入职后的打算。

7.假如你组织一个公司年会,你会怎么做?

8.假如你策划新生开学/毕业典礼,你的方案包括什么内容?

9.举例说明你曾经组织或参加的一个活动,举办的是否成功,有何不妥或失误的地方。

10.举例说明你是如何成功说服别人改变主意的。

11.你是如何安排大学的几年生活的?

12.您是一家咖啡店的店长,你发现店内同时出现下列状况:

(1)许多张桌子桌面上有客人离去后留下的空杯未清理,桌面不干净待整理。

(2)有客人正在询问店内卖哪些品种,他不知如何点咖啡。

(3)已有客人点好咖啡,正在收银机旁等待结账。

(4)有厂商正准备要进货,需要店经理签收。

请问,针对上述同时发生的情况,你要如何排定处理的先后顺序,为什么?

13.甲员工脾气不好以致在前三家店因为与店内其他同事相处不佳而屡屡调动,现在甲被调到你的店里来,请问身为店经理的你,将如何应对?

14.你是店经理,本周五结账后,发现门市总销售额较上周五减少30%,请问可能原因会是哪几种,各原因如何应对?

三、评价中心测评

这种方法通常是将被测评者置于一个模拟的工作情境中,采用多种评价技术,有多个评价者观察和评价被评价者在这种模拟工作情境中的行为表现。因此,这种方法也被称为情景模拟法。公文处理(文件筐测验)、无领导小组讨论、角色扮演、根据所给的材料撰

写报告、演讲辩论、案例分析、团队游戏等方法是情景模拟法中最有特色的方法。

四、讨论并初步做出录用决定

对应聘者个人信息进行综合分析与评价,确定留下来的每位应聘者的素质与能力特点做出录用决策。要做出录用决策需要召集"人事测评小组会议",参会人员讨论每个求职者在每次测试中的行为表现,最后得出一个评价意见。

在此基础上,由参与评价的人力资源部门负责人和用人部门的负责人分别对每位应聘者的总体状况做出正式的评价报告,用人部门负责人的评价报告侧重于对应聘者的专业知识技能进行评价,人力资源部的招聘负责人则重点对应聘者的核心能力方面做出评价。

然后,将对每位应聘者的综合评价报告与特定的工作要求或录用标准相比较,做出最后的录用决策。录用时应坚持因事择人、任人唯贤、用人不疑、严爱相济的原则。

五、确定薪酬等事宜

初步决定了录用某个候选人之后,招聘单位应该为决定录用的候选人提供详细的薪酬福利信息。招聘人员应该与候选人讨论薪酬福利的有关问题,在此方面达成共识。

六、背景调查

背景调查就是对应聘者的与工作有关的一些背景信息进行查证,以确定其任职资格。对于重要管理岗位的应聘者还需要开展必要的背景调查,以了解应聘者的教育和工作经历、个人品质和工作能力等信息。这样一方面可以发现应聘者过去是否有不良记录,另一方面也可以对应聘者的诚实性进行考察。

背景调查的主要内容有:学历、学位、受教育经历、工作经历,及档案中是否存在不良记录。国家教育部学历网络查询系统(学信网)可用于查询20世纪90年代以后毕业的学生信息,上网即可查询。

用人单位千万不能忽略背景调查,不能只看证书复印件,也不能只听应聘者的一面之词。

七、发出录用通知

在运用了笔试、面试、心理测评和情景模拟等多种测试方法对应聘者进行选拔评估后,考评者根据应聘者在甄选过程中的表现,对获得的相关信息进行综合评价与分析汇总,做出录用决策,发放录用通知。

八、办理入职手续

新员工办理入职手续所需要的材料清单大同小异,可以参考"厦门美易在线有限公司入职指南"。

 **范例**

厦门美易在线科技有限公司入职指南

入职人员须如实提供以下资料,并对自己所提供的资料负有相应的法律义务与责任。

1. 个人简历1份。
2. 身份证原件及复印件4份。
3. 学历证书、资格职称证书,普通话、外语、计算机等级证书,以及主要的荣誉证书、发表的论文、作品及能反映本人业绩的相关材料原件(审核)及复印件1份(存档)。
4. 二寸免冠彩照2张。需办理新社保卡的人员另提供一寸免冠彩照1张(照片背景为白色,无边框,人像清晰,必须着有领的深颜色衣服)。
5. 普通全日制应届本科毕业生提供:协议书、报到证、推荐表原件。
6. 非应届毕业生应提供原单位的辞职、解聘相关证明原件、公积金转移单。
7. 健康证明(县级以上医院体检表)。
8. 本人厦门市建设银行卡复印件。
9. 本市人员提供《失业证》。
10. 如实填写《应聘人员登记表》。

九、岗前培训

岗前培训主要是向聘用的新员工介绍企业的规章制度、企业文化、业务和现有员工。新录取人员来到公司后要面对一个新环境,要让他们能够更好地了解公司的历史发展、公司的业务、公司的未来发展方向和目标等信息,一方面会增强他们的荣誉感,另一方面可以明确他们的努力方向。企业必须针对以上各方面进行岗前培训,以帮助他们尽快适应工作。

这部分内容将在学习情境三进行详细介绍。

十、招聘成效评估

主要对招聘结果成效、招聘方法成效进行分析,来评价招聘的效果。

(一)录用人员评估

招聘工作结束后,对录用人员进行评估是一项十分重要的工作,录用人员评估就是根据招聘计划和招聘岗位的工作分析,对所录用人员的质量、数量和结构进行评估的过程。只有在招聘成本较低,同时录用人数充足且质量较好时,才说明招聘工作的效率高。评估招聘录用人员的数量和质量可以通过录用比、招聘完成比和应聘比等来完成。

(二)招聘人员的工作评估

通过对录用新员工的合格率、职位平均空缺时间、新员工满意度等指标的计算和分析,反映招聘人员工作的效率与效果。

一个良好的招聘活动应达到"六正"或"6R"基本目标:正确的时间(right time)、正确的区域(right area)、正确的渠道(right source)、正确的信息(right information)、正确的花费(right cost)、正确的人(right people)。这也是评估招聘工作的关键指标。

十一、招聘活动总结

招聘活动结束后,应及时进行总结。主要通过撰写总结报告来对招聘工作的全过程进行记录和经验总结,并对招聘活动的结果和经费支出等进行评定。招聘活动总结应包括招聘计划、招聘进程、招聘结果、招聘经费和招聘评定等内容。

自主学习任务

一、实训任务

在班内组织一场模拟招聘会。每小组提交活动策划案,并选择1~2组方案组织实施。

参考步骤:

1. 学生在课下观看、学习并模仿大型职场选秀节目《职来职往》。
2. 教师指导学生进行合理分工:策划团队、主持人、面试官小组、Mr Job、应聘者、后勤保障团队。
3. 挑选5~6名同学组成面试小组,对扮演应聘者的学生进行面试,然后进行面试评价和打分。面试官小组事先准备好面试问题、查阅应聘者简历、设计面试评价表、面试流程表。
4. 面试官小组根据应聘者表现给予打分评价,做出录用决定。
5. 教师点评本次活动。

二、案例学习

案例一 5步搞定德国奔驰

那天,邮差准时来送信。从房间的小窗户里我看到邮差往我的信箱内丢了一封信,心急速一动,盼望着是那个正等待的消息。疾步下楼,打开信箱,取出信,发信人正是奔驰公司的国际后备人力资源部。

第1步:筛选目标

4年前我到德国留学,专业是国际市场学,还有一个学期就要毕业了,我准备找工作。

我不像其他的学生那样盲目地投简历。我分析了一下自己与同专业学生的不同之处,我认为自己具有语言上的优势。在到德国留学前,我毕业于上海外国语大学的意大利语专业,二外是日语。我的英语成绩也一直都很优秀。根据自己的长处,我也看清了自己的选择范围:总部在德国,但在全世界都设有机构的跨国公司,这样的公司需要我这样的人。

目标清晰了的同时,脑海里马上出现了两家德国最知名的公司:大众和奔驰。这两家公司在世界各地都设有生产基地。我开始在这两家公司的网址上留意他们的招聘启事。很幸运,不久,我就看到了奔驰公司的国际后备人才资源部的招聘信息,招聘的专业正是我的专业,除了英语外并没有对语言上进行过多的要求。

第2步:未雨绸缪

我在第一时间准备了自己的简历,为了给人留下深刻的印象,除了德文和英文,还同时准备了意大利文的简历。并且随简历附上一封信,着重介绍了自己拥有的语言特长。

果然,通知书上说,我的简历给他们留下了深刻的印象。他们对掌握多国语言的中国学生感到非常好奇,并愿意进一步认识我。第一次面试将于两星期后在星德尔芬根的奔驰生产基地进行。

"不打无准备之仗",想着军人出身的父亲的教诲,我积极开始为第一关做起了准备。汽车行业我懂得不多,为此,我找来了同校学习汽车制造专业的同学,请他们向我一一解释了许多汽车的基本构造、发动机的原理和目前德国汽车制造业不景气的原因,以及今后几年可能的发展方向。从图书馆里的资料和奔驰公司的网址上,我又了解到了奔驰公司的历史。在这期间,我发现了自己对汽车制造专业德语的缺乏,还好发现得及时,仍来得及补上。

面试那天,我乘坐火车提前三个钟头到达了星德尔芬根。奔驰公司的生产基地非常庞大,每个入口都有编号,通往不同的区域。按照通知上的指示,我也几乎花了差不多一个小时才找到那个通往后备人才资源部的大门。还有两个小时,按照计划,我进到一家最近的咖啡馆,要了杯卡布奇诺,我要让自己冷冷静静地坐会儿调整好思绪。

第3步:绝地反击

主持这次面试的是人力资源部的部长米勒和他的两位助手。他们的第一个问题是:您觉得您应聘这个工作最大的弱点是什么?我经过深思熟虑,选择了两点作为回答:第一点,我没有在德国公司的实际工作经验;第二点,由于我是外国学生,这会给公司带来解决居留的问题。

接着都是些心理测试问题,面前的这三个人的脸一直都是紧绷的,我渐渐感到有些累了。这是,其中一人忽然问道:"您喜欢小孩吗?"这是个简单的问题,但我却不清楚在他的这个问题后埋伏着什么样的动机,我给了个肯定的回答。就在那一瞬间,我看到他们三人脸上露出了一种古怪的似笑非笑的表情,那种表情让我立刻觉得,我答错了。

"在决定选择应聘者的条件里,我们趋于选择男性,而女性职员,尤其是和您年纪相仿的女性职员,在工作不久后,就会有接踵而来的婚假、产假。孩子和家庭都会大大影响她们的工作时间和质量。"原来如此!我正想设法解释,可他们却开始整理各人面前的资料,并面无表情地仪式性地告诉我,这只是第一次面试,如果能进入第二次面试,我将在两星期里接到另一个面试通知。然后便是握手送客了。

在归途的火车上,我的心被一种失望并夹杂着气愤的感觉堵得死死的。很明显,我的回答并没有让他们满意。可他们拒绝我的原因,让我的心情难以平静。我决定给米勒部长写一封信,就算争取不到最后的机会,我也要向他说清楚那天没允许我说完的话。信中我这样写道:"我喜欢孩子,我也期待有个完整幸福的家庭。但对我来说,这并不代表着同时我就要放弃我的事业。在我的国家里,尤其是现代,女性婚后或孕后普遍都会继续原来的工作,很少像德国女性一样回到家里成为专职的家庭主妇。作为一名中国留学生,在德国的学习和生活中,相对于同校的德国同学,我付出了双倍的努力,正是如此,我更懂得珍惜每一次机会,绝不轻言放弃。"

在第二个星期的最后一天,就在我几乎不再做任何期待的时候,我从那个邮差的手中居然接到了第二次面试的通知。

第 4 步：真诚制胜

部长米勒仍坐在中央，看到我进来，米勒并没有任何特殊的表示。他们首先告诉我，经过第一次面试，我是筛选后胜出的十个候选人之一，而且还是在最后关头加上的。

来不及高兴就收到了第一个问题："从您的经历上来看，您从没和汽车工业打过交道，在应聘本公司前，您对我们公司做过详细的了解吗？"听到这，我笑在了心里，准备的东西终于派上了用场。我信心百倍地完成作答。接下来，他们递给我一张表格，其中的一位忽然改口用流利的意大利语说："德国的年轻人常常只会几句外语就吹嘘自己掌握了一门外语，您在您的推荐信中也着重点出了您的外语才能，那现在就请您用意大利语把这份表格向我们解释一次。"这很突然，我事先没有对意大利语做特别的复习，虽然我的底子很好，可是面对这位能说丝毫不带德国口音的意大利语的人，心里还是打起了小鼓。应该坦白地告诉他们，我的意大利语在这四年中由于没有机会练习而稍有生疏吗？可是如果不说，由他们先考察到这一点是不是更糟糕呢？闪念之间，我选择了诚实："您一定知道，外语如果没有经常实际操练，会逐渐生疏。到了德国后我使用意大利语的机会非常有限，因此如果我的表达有不恰当的地方，请您谅解。"我先把表格详细地在心里解读了一番，等我对表格的内容完全理解透彻以后，才一丝不苟地用意大利语解说起来。那人在听的过程中并不露任何表情，在我完成了解说后，他竖起了大拇指。

面试结束后，我起身告别，就在我快要走出房间的那刻，米勒的声音又在身后响起："最后一个问题，您爱国吗？如果是，那为什么毕业后不回到中国去工作而要留在德国呢？"我转身正视米勒，斩钉截铁地说："首先，我并没有说过我一定要留在德国工作，在你们选择我的同时，我也会做出自己的选择。进入奔驰公司工作，这并不是我来这儿的唯一目的。更主要的是，通过这次挑战，我看到了自己的实力。不管是否成功，我得到了一个难得的经验。而关于爱国心，我想爱国和个人的事业追求并不矛盾，难道您可以说奔驰集团常年派出驻扎在世界各地的德国工程师不爱国，不时刻关注着德国吗？"

第 5 步：感恩的心

两个月后的一个下午，又是那个邮差准时为我送来一封信。那封信是由部长米勒亲自写的，他说，我的诚恳、坦白给所有的主面试官都留下了深刻的印象，而我的那封信，更使他见到了一种在德国青年中已不多见的、不屈不挠的坚韧性格。相信一个如此有主见、机灵而且自信的年轻人绝不会在未来的工作里让他们失望，奔驰公司欢迎我的加入。

10 月，我给米勒写了一封感谢信，感谢他为招聘所做出的努力。在享受成功喜悦的同时，我的心中闪过这样一个念头："世界最著名的企业又如何？如果我们足够好，有什么不可以做到？"

（案例来源：《现代交际》，2005(11)：18—19，作者：易才）

思考：该案例给你什么启发？

案例二　惠普的招聘之道：招聘是一场理性的婚姻

惠普的创始人之一比尔·休利特（Bill Hewlett）生前访华时，在员工沟通会上针对竞争激烈、员工流失的问题回答说："我们不可能阻止员工离开公司，因为人才流动是正常的现象。我的愿望就是，让每一个离开惠普的员工说惠普好。"

"让每一个离开惠普的员工说惠普好"，这是一个很朴素的愿望，而要做到这一点却是非常不容易的。中国惠普为此做出了长期不懈的努力，并取得了社会各界的认同，从2001年中国开始有"最受人尊敬的企业"评选活动起，惠普就一直榜上有名，后来又相继成为中国的"最佳雇主"和"最佳企业公民"。

多年来，曾经在中国惠普工作过，又离开中国惠普的人少说也有上千人，但是这些人都把惠普当作是自己人生经历当中值得骄傲、值得自豪的一站，很少听到离开惠普的人说惠普的坏话，尤其是那些在惠普工作过三年以上的员工。在北京，由曾经在中国惠普工作过、后来又离开惠普的员工组成了一个"惠友俱乐部"，目前有几百名会员。2005年6月18日，惠友俱乐部举办了中国惠普成立20周年的庆典活动，共有300多人出席，其中包括中国惠普的两任董事长和三任总裁，盛况空前。本人作为会员之一也出席了这次大会。大家在一起回顾20年的历程，欣赏着过去的老照片，感慨万千。

惠普对待招聘的严肃态度足以令人肃然起敬。惠普一直认为，轻率的招聘既是对员工的不负责，也是对公司的不负责。惠普坚持一个信念："招聘是一场理性的婚姻。"这句话有两层含义：一方面，要找到真正适合公司文化和职位要求的人才，就必须在招聘中将理性进行到底；另一方面，招聘要像对待婚姻一样慎重，因为就像不幸的婚姻一样，招错人的结果是两败俱伤，公司和个人都是痛苦的。

那么，惠普在招聘中是如何慎重地贯彻理性的呢？首先是硬指标的考核，然后就进入软指标的考核。软指标的考核主要通过面试来实现。所谓软指标，它不同于人的技能、知识、教育背景、工作经验等因素，而是指人的发展潜力、性格特征、价值观念等方面的情况。根据软指标去看一个人，更多的是靠管理者的眼睛去观察，因而在这个环节，如何杜绝评判者的主观偏差，从而做出理性的决策，就显得尤为关键。上文我们已讲过面试小组人员构成的原则，这一原则不仅能在很大程度上杜绝走后门的现象，而且也是慎重原则的体现。由岗位不同、知识背景不同、经历不同的三个人来主持面试，从不同的角度观察候选人，就大大地降低了鉴人失察的概率。某一位经理的"看走眼"会在讨论和交流中得到纠正。相对来说，团队做出的决策更科学。

我们还沿用上面提到的例子，如果要招聘一个人的话，进入面试阶段时，将有3位部门经理对3～5名候选人进行面试。面试是怎么进行的呢？

我们在面试时，有一个基本的原则，那就是"面试不能仅凭感觉"。为了具备相应的知识，参与面试的管理者都必须参加面试技巧的培训，在掌握了面试技巧之后才有资格参与面试工作，就像上岗需要合格证一样。通过严格的面试技巧培训，管理者学会了如何通过特定的问题挖掘自己想了解的信息，如何观察候选人，如何判断候选人所反馈的信息的真伪，如何从不同的角度进行交叉对比和验证等等。

同时，在招聘问题的设计上，惠普也采用业界普遍采用的行为面试法。从应聘者的角度看，面试的问题完全是随机的，而且问题的着眼点都是候选人过去发生过的行为。

有些企业的面试官喜欢问一些很通俗的问题，比如：你过去做过什么？你喜欢做什么？你是否愿意努力工作？你是否愿意按照上司的意图去做事？这些问题谁都会问，但是答案的真伪很难识别。

在惠普，我们通常不这么问，不问你能做什么，而是问诸如这样的问题：你所做过的工作当中最值得你自豪的一件事是什么？是什么时间做的？怎么做的？为什么值得你自豪？这时候应聘者事先准备的问题就可能用不上了，想在现场编故事肯定也来不及，他只能实事求是地讲真话，否则很容易露馅。

比如，有时候我们会问：你最不喜欢的同事是谁？你为什么不喜欢他/她？这个问题并没有标准的答案，我们只是通过知道应聘者喜欢跟什么样的人合作，不喜欢跟什么样的人合作，从中了解他喜欢什么样的工作氛围，以及在他/她心目中好人是什么样的。

惠普会在应聘者的工作能力、工作态度、工作动机、稳定性等多方面进行考察，如果一个人频繁调动工作，我们就会问：为什么在过去几年当中换了那么多工作，原因何在？如果应聘者没有充足的理由去解释，就可能被淘汰了。像我第一次离开惠普时已经在惠普干了八年半了，对方在这个问题上毫不怀疑我的稳定性，他们会认为你这个人是坐得住的。如果应聘者一年换一个工作，那么这个人一定有问题，来了也不会待下去。总之，面试的问题一定要科学设计，才有助于发现事实的真相。"你如果成为公司的一员，你会怎样对待工作？"这样的问题一定不要问，因为这种问题问不出任何实质性的内容，应聘者一定会慷慨激昂地表决心，一定会表示努力工作，请上司放心。所以这一类有标准答案的问题不要问，要问那些应聘者曾经经历过的事情、曾经做过的事情，这些问题并没有标准答案，也没有对错之分，所以更容易考察一个人。应聘者在回答这些问题时，他的行为准则、价值观念就会从中体现出来。

面试小组最终将从3~5名候选人中挑出两个合格者。然后面试小组的3个人再对两个候选者的各项素质进行比较、讨论，就谁更适合某职位达成共识，但是这还不是结束。这3位部门经理还必须把这两个人的资料和面试记录交由其上级审核，并且不能透露3人已经达成的结论，即不能告诉上级自己选定了哪一个，其目的是避免上级在取舍时有先入为主的意见。如果上级通过资料和面试记录传递的信息做出了谁更胜任的结论，接着4个人将召开一个碰头会，上级选中的人如果跟3个部门经理选中的是同一个人，那么招聘过程就算完成了；如果上级选中的跟这3个人选的不一样，那么4个人就要交换意见：为什么你们选了A，为什么他选了B。这时候大家把所有的理由摆出来，看谁能说服谁。上级说的不一定是对的，因为他只见到两个人的资料，而这3个部门经理可能与5个候选人都进行了面对面的交流。有时候这3个人说服了上级，也有可能上级考虑问题的角度不一样，他把这3个人说服了。总之，这4个人最后一定要达成共识，特殊情况还可以安排上级经理对应聘者直接进行面试。

然后，面试小组的组长要写一份面试总结，说明经过面试以后，所发现的应聘者的优点和缺点分别是什么，有什么潜在的问题，该应聘者的动机与公司提供的岗位是否吻合，该岗位未来的发展前景跟应聘者的期望是否吻合，选定这个人的理由是什么，这个人有什么值得看重的地方，这个人在哪些方面是可塑之材，在哪些方面还有欠缺，这个人最令人担心的地方在哪里等等，这些信息要非常详细地记入面试总结。可以说，惠普在录用一个人之前，基本上已经对这个人有了初步的结论了，以后要做的只是去验证这个结论。这一安排对管理者来说，是一种决策—反馈—比对—提升的过程。

对于一些重要岗位的关键员工来说，还有一种调查方法叫参考检查（reference check）。公司（或委托的猎头公司）会要求候选人提供原来工作单位的两名上司的姓名和电话、两个平级同事的姓名和电话、两个部下的姓名和电话，然后公司派人与这些人进行电话沟通，目的就是想知道这三个层次的人怎么看这个候选人。问题的设计是很有技巧的，比如：你觉得这个人最能干的地方是什么？你觉得这个人最需要改进的地方是什么？这个人在沟通方面、在领导力方面有哪些问题？你对这个人总体上怎么看？如何形容他？

当这六个人从不同的角度谈了自己的看法后，公司（或猎头公司）会总结出一份文件供用人部门参考，从专业的角度提供咨询建议。如果候选人推荐的人都是事先打了招呼的，只说优点不提缺点，那么这次沟通就不算数，还要重新换人进行调查，直到大家公正地谈到了这个人的优缺点之后，这次调查才算完成。当然，这些被调查者一般来说，都不会对候选人有过于激烈的言辞，毕竟是候选人自己推荐的人选，但是公司（或猎头公司）的本领，就是能在这些言辞里面找到这个人的优点和弱点。这种参考检查可以弥补只看档案造成的信息失真。

通过上面整个招聘过程的介绍，对于惠普在招聘问题上的慎重和理性，我们可以窥见一斑。一家企业草率地把人招进来，发现不好再辞退这个人，这就像两个人匆匆结婚，过了没多久又离婚一样，双方的损失都很惨重。为了避免这类问题的发生，惠普招聘的时候，审核工作非常严格。当年我进入惠普工作的时候，从参加第一次笔试到成为惠普的一员，差不多用了半年的时间，经历了很多环节，甚至可以说是费尽周折后才得以录用。所以我们认为：选人是管理者最重要的一项工作，这个工作没做好的话，后面出问题是必然的。

另外惠普相信，员工离开公司，是为了个人的事业得到更好的发展，而不是对公司的背叛。公司应当为员工着想，而不是只为公司利益着想，或者为某些领导者的利益着想。背叛这个字眼意味着当事双方的彻底决裂，背叛者再也不能回到原来的公司，双方有可能因此结下深仇大恨，老死不相往来。正是因为惠普不把员工主动离职当作背叛，所以惠普的大门就永远向这些人敞开，离开的员工还可以再回来。

可以说，惠普在实践其所倡导的价值观的时候都有制度上和组织上的保障，而不是空喊口号。那么怎么保障那些离职者愿意回来，而不会担心什么？首先，惠普的每一位员工都拥有一个唯一的员工号，就像身份证号码一样。某位员工离职后，其员工号就永远空置，如果他再回到惠普，还继续用原来的号码。其次，工龄累计的方法对离职员工没有歧视。那些离职后又回到惠普的员工，其惠普工龄采取累计的方法计算，即扣除员工离开的那段时间，按前面的工龄接着算。假定某员工在惠普工作了5年后，跳槽去了其他公司，3年后又回到了惠普，那么该员工回来工作1年后的工龄就是6年。在惠普，工龄在带薪休假方面起重要作用：工龄在5年以内的，每年有10天的休假，5～10年有15天休假，10～15年有20天休假，15年以上有25天休假，而且休假可以分开用，还不包括周末的时间，某年如果没用完，还可以延续到下一年用。

每个人都是主观为自己，客观为别人，所以企业不应当要求员工为了公司的利益而牺牲个人的利益，必须找到这两者的结合点，员工离职不是背叛。

（本案例改编自高建华先生《笑着离开惠普》，作者在惠普中国工作15年，曾任公司CKO）

任务三　现场招聘会

一、现场招聘会的意义

在网络招聘逐渐成为企业招聘的主要渠道时，人力资源管理专员到人才市场、校园等进行现场招聘，可以在增加组织知名度、宣扬企业文化的同时，提高候选人的关注度，从而更为有效地吸引目标候选人、提高招聘效率。

二、现场招聘会操作步骤

（一）物料准备

人力资源部应提前准备好物料供现场招聘会使用，参见表 2-1。

表 2-1　现场招聘会物料准备表

物料名称	应用	建议数量
招聘海报	张贴于展位背面，宣传企业及岗位相关信息	1 套
展架	放置于展位两侧，吸引过往应聘者的注意	2 个
宣传折页	在现场进行派发，快捷地宣传公司及招聘信息	200 张
面试评估表	记录面试官的评估意见	80 张
面试通知书	给通过初试的人员传达复试信息，确认复试时间、地点	50 张
签字笔及白纸	供面试者及应聘者需要时使用	若干

（二）现场布置

1.展位布置样本（见图 2-2）。

2.展位选择：可坐 2～3 名面试官。

3.座位。座位布置的主要原则是能给每一位应聘者充裕的时间与面试官进行面对面、清晰地沟通，同时能方便其他应聘者在旁边稍坐等候或填写相关资料。

4.桌面。桌面仅摆放招聘过程中必备的物品，如笔、纸等；其他私人物品、饮料、食物不可摆放。

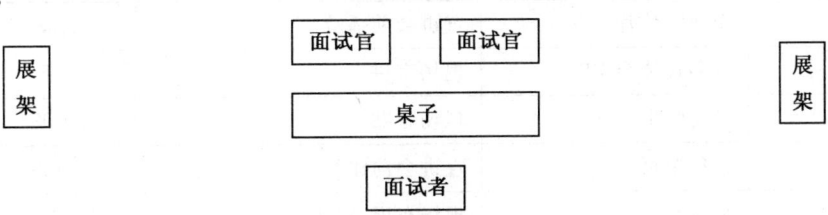

图 2-2　展位布置样本

三、校园宣讲会

(一)校园招聘会流程

规范的校园招聘宣讲会流程,能提高招聘效率,在受众中树立良好的企业形象。一般流程安排可参考表2-2。

表2-2　厦门美易在线科技股份有限公司校园招聘会整体流程表

招聘阶段	工作内容
前期准备	1.与院校就业指导中心老师联系 2.根据前期联系情况进行高校拜访 3.校园招聘方案审批 4.校园宣传(包括海报、校园网站、各大论坛、QQ群和微信群) 5.物料准备 6.人员安排(负责人、成员、宣讲会主持)
宣讲会当日工作	1.物料清点 2.现场布置 3.现场宣讲 4.收集简历及应聘资料 5.宣讲会结束后可安排学生填写求职申请表
后续工作	网络测试、笔试、面试

(二)具体准备事宜

1.招聘准备阶段

与学校相关院系或就业指导中心进行电话联系,确认学校校园招聘会的时间安排,同时将公司介绍、招聘岗位、职责要求、招聘流程等发给学校就业指导中心,及时在学校或院系网站进行发布相关信息。

最好能获得学校专场宣讲会的机会,这样可以更充分地吸引毕业生的注意力,有效提高招聘效率和效果。

2.校园宣讲会物料准备

除了准备表2-1的物料外,在校园专场宣讲会上还需要进行更多的物料准备。详见表2-3。

表2-3　厦门美易在线科技股份有限公司校园宣讲会物料准备表

序号	名称	用途描述	物品数量
1	企业宣传片	宣讲会前播放	1张
2	校园宣传会PPT	现场宣讲	1个
3	招聘海报	现场张贴	20张
4	宣传单页	宣讲会前派发	200份
5	X展架	现场布展、宣传	1~2个

续表

序号	名称	用途描述	物品数量
6	笔记本电脑	宣传演示、资料录入	1台
7	数码照相机	拍照留念	1台
8	资料袋	装物品及应聘简历	若干个
9	订书机	装订学生应聘简历	1~2个
10	荧光笔	资料标识及筛选	若干支
11	求职申请表	应聘学生填写	若干份

3.人员安排

(1)宣讲会主持人：校园招聘项目负责人。

(2)宣传人员：现场发放宣传单页。

(3)引导人员：引导学生入场就座，宣讲会开始后控制入场学生的数量，保证嘉宾通道的通畅。

(4)设备调试人员：笔记本电脑的连接、灯光、音响、相机、麦克风、投影调试等。

(5)资料收集人员：宣讲会结束时，负责收集应聘人员的简历。

(6)现场工作人员：拍照、传递话筒、记录等。

当然，以上人员也可以根据分工情况进行缩减。数量充足、分工明确的人员安排是良好招聘宣讲会效果的基本保障。

实训任务一

为厦门美易在线科技股份有限公司设计一份校园招聘海报。

实训任务二 写作训练

假如你是厦门美易在线科技股份有限公司一期校园宣讲会的主持人，请撰写一份校园宣讲会主持词。

任务四　无领导小组讨论

资　讯

一、无领导小组讨论的概念

无领导小组讨论(leadless group discussion,简称 LGD)是人力资源管理招聘评价中心常用的一种技术,采用情景模拟的方式对应聘者进行集体测试。这种测评方法通过给一定数目的应聘者(5～7人)一个与工作相关的问题,让他们进行一定时间长度的讨论。讨论过程中不指定谁是领导,也不指定受测者应坐的位置,让受测者自行安排组织,评价者来观测应聘者的组织协调能力、口头表达能力、辩论的说服能力等各方面的能力和素质是否达到拟任岗位的要求,以及自信程度、进取心、情绪稳定性、反应灵活性等个性特点是否符合拟任岗位的团体气氛,由此来综合评价应聘者之间的差别。

二、无领导小组讨论操作步骤

无领导小组讨论一般安排 30～60 分钟,主要有以下四步:

(一)准备阶段

1.准备讨论题目

按照企业对被测试者能力素质的要求,制定测评要素和评分表,选择适合的题目。讨论的问题往往会引起一定争议,通过对讨论过程的观测,考查应聘者的组织协调能力、口头表达能力、辩论能力、说服能力,以及情绪稳定性、处理人际关系的技巧、非言语沟通能力(如面部表情、身体姿势、语调、语速和手势等)、素质和个性特点是否达到拟任岗位的要求,由此进行综合评价。

2.培训面试官

将操作流程、评价方法、测评要素、计分项、计分规则、总结报告等内容向面试官进行培训,通过讲授和分组演练的形式保证面试官在实施流程和评价标准上达成最大程度的一致。

3.安排被测试者

分组方法:对所有被测试者进行分组,人数一般控制在 5～10 人之间,6～8 人为最佳。实际人数视面试官面试技巧熟练程度而定。面试官面试技巧越熟练,每组人数可越多,但最多不能超过 10 人。面试官面试技巧不熟练,每组人数应少些,但最低不能低于 5人。按照场所大小和面试官多少,可多个小组同时进行,也可各小组依次进行。

分组原则:考虑应聘者的毕业院校、籍贯、工作经历和性别比例等因素进行分组,尽量避免可能相识的应聘者分配在一组。

4.安排场所、设备和材料

场地一般选取环境较为宽松的小会议室,以圆桌为最佳,U 形桌亦可,椅子呈环绕形均匀摆在桌子周围。被测试者一般半圆形围坐或者 U 形围坐,供面试官观察;面试官和应聘者应该保持一定的距离,以减轻应聘者的心理压力。

如若多组同时进行,则需将注意组与组之间保持适当距离,互不影响。

需提前准备好白纸若干、笔、观察记录表、测评表、秒表等。

(二)具体实施阶段

面试官给被测试者提供必要的资料、交代问题的背景和讨论的要求后,一定不要参与提问、讨论或者回答应聘者的问题,以免给应聘者暗示。整个讨论过程可用摄像机监测、录像。

实施过程主要分为如下五个阶段:

第一阶段:面试官宣读规则和时间安排;

第二阶段:面试官将题目发给各组,让被测试者自己阅读题目,独立思考,列出发言提纲,一般规定为5分钟左右;

第三阶段:被测试者轮流发言阐述自己的观点;

第四阶段:被测试者自由发言,不但阐述自己的观点,而且对别人的观点提出意见,最后达成一致意见;

第五阶段:每组选派一名代表做总结发言,组员可以适当补充。每个阶段都要限制好时间。

(三)评价阶段

至少要有2个评价者,以相互检查评价结果,各面试官成绩加权平均为被测试者最终成绩。面试官应对照计分表所列条目仔细观察应聘者的各项表现。面试官一定要克服对被测试者的第一印象,不能带有民族、种族、性别、年龄、资历等方面的成见。面试官对被测试者的评价一定要客观、公正,以事实为依据。

(四)总结阶段

在进行无领导小组讨论后,所有面试官都要撰写评定报告,内容包括此次讨论的整体情况、所问的问题内容以及此问题的优缺点,主要说明每个应聘者的具体表现,自己的建议,以及最终录用意见等。

三、无领导小组讨论中应聘者应注意的事项

无领导小组讨论中,应聘者不仅要将自己的观点清晰、明确地提出来,还要考虑在讨论中自己的计划、组织、领导、控制、创新能力是否能够体现出来,以及如何体现等。

1.个人观点陈述时,条理要清晰、有层次性和逻辑性。阐述时要分要点,但要点不要过多,以免显得冗长乏味,简洁明了地表达出个人观点为佳。表达观点时,应适当加入典型案例,以凸显关注时事的能力和问题分析能力。

2.讨论内容要与主题相关。应聘者讨论问题时应紧密围绕主题,不要离题太远。

3.适时发言,争取主动。讨论时不要置身事外,应使自己在有限的时间内能够把握有效发言的机会,给面试官留下深刻印象。

4.注意眼神、表情、语气、语速。一旦大家进入讨论状态,讨论过程中应聘者日常中的行为习惯通常会流露出来。语速不要过快,注意语调的抑扬顿挫。提出观点时,眼光应关

注其他讨论者,语气应亲切谦虚,更多的使用建议的口吻,如"我们……如何""大家觉得……如何"等表达方式,不要咄咄逼人。

5.倾听。讨论的过程中,不要只顾自己讲,应注意倾听。良好的倾听习惯够在讨论中把握全局,还可以总结别人的观点,或对自己的观点予以补充完善。

四、无领导小组讨论测评法的优缺点

(一)优点

1.测评的仿真模拟性高

无领导小组讨论往往就一个实际问题展开,在整个过程中,每个人各抒己见,最后形成一个统一的意见。这种群体讨论决策的方式,在某种程度上与一个单位的决策者们商讨问题极为相似。这些能反映应聘者具备的综合分析能力、组织协调能力、说服别人的能力等显著和潜在的领导者素质。

2.评价结果更加全面、客观

在传统的面试方式中,面试官逐个对应聘者进行考查,此时面试官容易犯各种各样的偏误。无领导小组讨论可以让面试官在讨论的过程中,观察应聘者实际表现出来的行为特征,可以让面试官对应聘者进行综合比较,对各个维度、各个环节的表现一一进行评价,最后得出一个全面、客观的评价结果。

3.节省时间、应用范围广

无领导小组讨论可以同时对竞争同一岗位所有应聘者的表现进行比较,能够减少工作量,在时间上显得比较经济。另外,这种方法可以考查的维度比较广泛,能应用于非技术领域、技术领域、管理领域和其他专业领域等。

(二)缺点

对测试题目的要求较高,对面试官的要求较高,应聘者表现受同组其他成员影响较大,且应聘者有存在表演或者伪装的可能性。

自 主 学 习 任 务

一、根据以下案例提供的资讯,教师组织实施无领导小组讨论。

案例一

背景资料:私人飞机坠落在荒岛上,只有6人存活。这时逃生工具只有一个只能容纳一人的橡皮气球吊篮,没有水和食物。

角色分配:

1.孕妇:怀胎八月

2.发明家:正在研究新能源(可再生、无污染)汽车

3.医学家:经年研究艾滋病的治疗方案,已取得突破性进展

4.宇航员:即将远征火星,寻找适合人类居住的新星球

5.生态学家:负责热带雨林抢救工作组

6.流浪汉

问题讨论:谁应该借助这个逃生工具离开荒岛?

案例二

背景材料:假设你是某面包公司的业务员。现在公司派你去偏远地区销毁一卡车的过期面包(不会致命的,无损于身体健康)。在行进的途中,刚好遇到一群饥饿的难民堵住了去路,因为他们坚信你所坐的卡车里有能吃的东西。这时报道难民动向的记者也刚好赶来。

对于难民来说,他们肯定要解决饥饿问题;对于记者来说,他是要报道事实的;对于你业务员来说,你是要销毁面包的。现在要求你既要解决难民的饥饿问题,让他们吃这些过期的面包(不会致命的,无损于身体健康),以便销毁这些面包,又要不让记者报到过期面包的这一事实?请问你将如何处理?

说明:1.面包不会致命;2.不能贿赂记者;3.不能损害公司形象。

问题讨论:假如你是该业务员,你会怎么做?

二、实训任务:上机

(一)制作面试评价表

在对求职人员进行面试时,面试官会根据对每个应聘者提出的问题及应聘者面谈过程中的表现,填写面试评价表,以此作为用人部门选择员工的有力证据。请为厦门美易在线科技股份有限公司设计一份面试评价表。

(二)制作人员录用通知单

企业在确认录用应聘者后,会通过发送录用通知单来正式通知应聘者前来报到,一般录用通知单中的内容有报到时间、地点、行车路线、报到内容及录用者需要携带的资料。

(三)制作工作证/工作牌

新员工入职后,人力资源部门会为员工制作一份员工工作证/工作牌,工作证/工作牌包括员工姓名、部门、编号以及员工的信息。请你为厦门美易在线行政部新入职的员工王晓乐制作一张工作牌。

(四)在 excel 中,根据身份证号码提取员工生日信息。

第一步,将 A 列身份证号复制到 B 列。如图 2-3 所示。

	A	B
1	身份证号(举例)	身份证号(举例)
2	1111111194512025555	1111111194512025555
3	2222221198405254444	2222221198405254444
4	3333331958091 03333	3333331958091 03333
5	4444441198810242222	4444441198810242222
6	5555551199005151111	5555551199005151111

图 2-3 复制

第二步,选中B列,然后单击菜单栏"数据",然后选择"分列"。如图2-4所示。

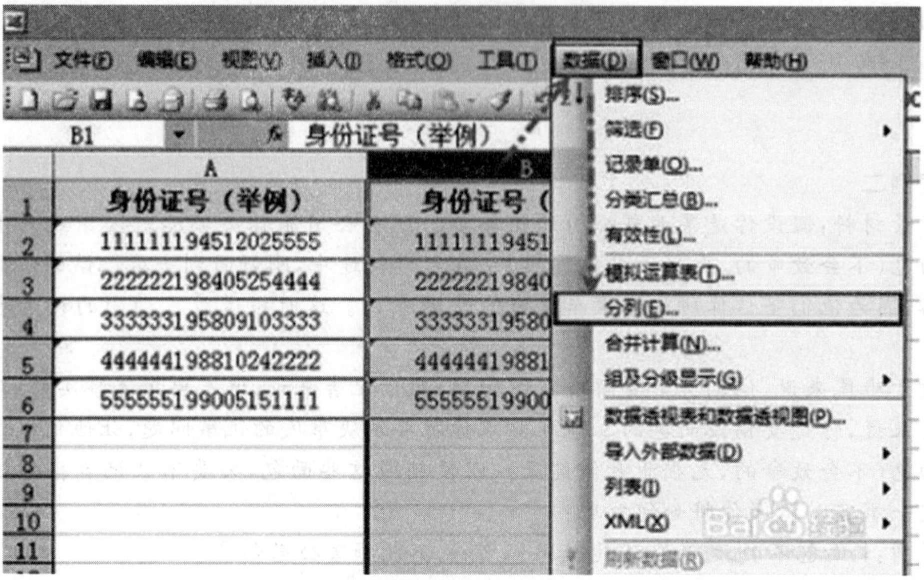

图2-4 分列

第三步,打开"文本分列向导",选择"固定宽度",然后单击"下一步"。如图2-5所示。

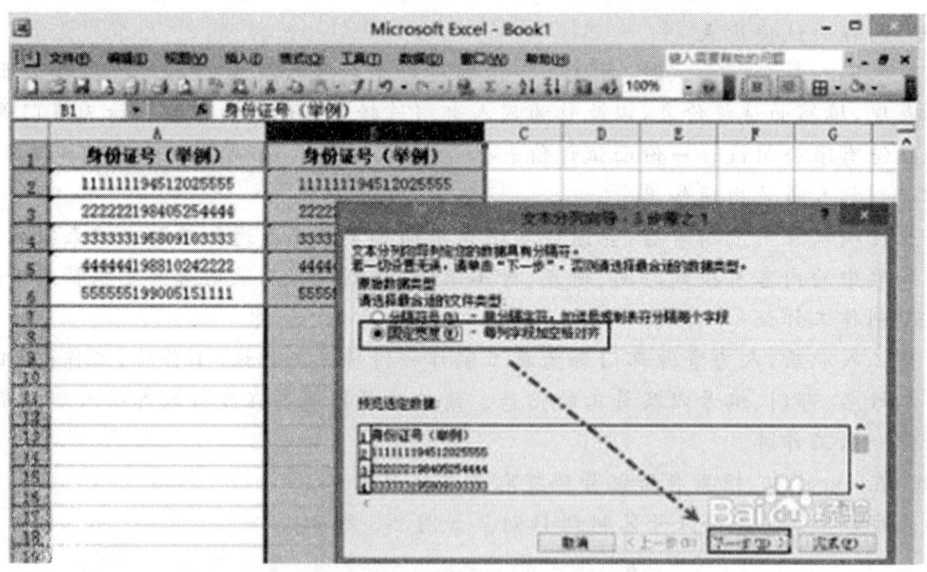

图2-5 宽度调整

第四步,分别在日期前后单击下,然后单击"下一步"。如图2-6所示。

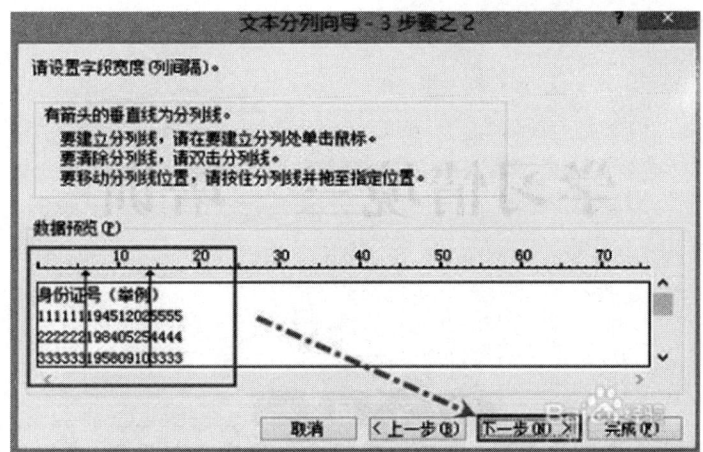

图 2-6 下一步

第五步,选中日期列,设置列数据格式为"日期"——"YMD",然后单击"完成"。如图 2-7 所示。

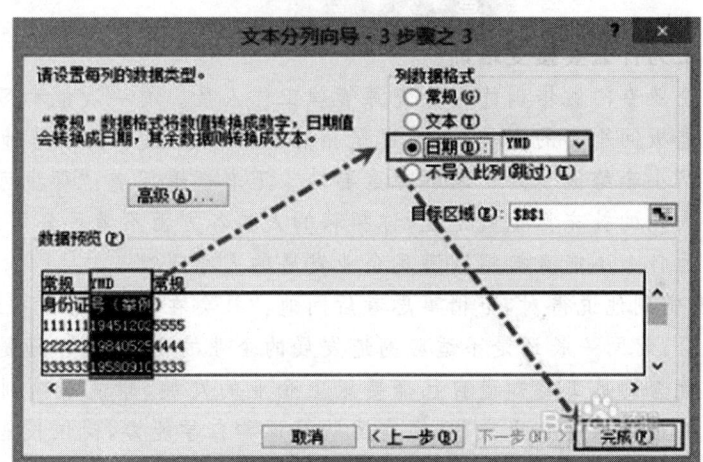

图 2-7 设置数据格式

第六步,对不需要的数据删除即可。经过修饰,效果如图 2-8 所示。

	A	B
1	身份证号(举例)	出生日期
2	111111194512025555	1945-12-2
3	222222198405254444	1984-5-25
4	333333195809103333	1958-9-10
5	444444198810242222	1988-10-24
6	555555199005151111	1990-5-15

图 2-8 修饰效果

学习情境三　培训

学习目标

知识目标：通过本情境的学习，使学生理解培训的意义与原则，掌握培训的类型、工作流程、方法和课程类型等。

能力目标：学会编制各类培训用表。

导入情境

案例一　员工为什么要接受培训

小李是一家企业专门做培训的人力资源管理工作人员。有一次他和另一家公司的王姓老板聊天。王老板问小李的专长，小李说是招聘和培训。王老板不解地问："员工为什么要接受培训呢？"小李给他罗列了培训的重要性。王老板追问道："那我可不可以认为培训是招聘失误或失败的补充？也就是说，你招聘的人在各方面不满足公司的要求，于是才给他培训。那你为什么不能直接招到满足企业发展的人才呢？"

小李一愣，感觉到他说得对，但稍事思考后问他："社会在发展，科技在进步，再适合的员工也是短期适合，时间一长还是不适应高速发展的企业的要求，所以还是要培训。"

王老板说："优秀的员工都知道自己需要跟上企业的发展，即使不培训他们也会自己追求进步。优秀的员工认同企业文化，富有团队意识和自学能力，岗位技能自然会逐渐提高。既然如此，公司为什么要花钱为他们培训呢？"

小李无言以对……

思考：假如你是小李，你如何回应和反驳该老板？

案例二　你能体会到他们的感受吗？

张华是一位年轻的大学毕业生，所学专业是管理信息系统。就业时他顺利地进入一家有名的大公司，这使他十分得意。上班的第一天，王经理带他参观工厂，看了公司的工厂设施、部分办公室、餐厅及张华本人的办公室。最后王经理说："张华，很高兴你进入我们公司，下午到我办公室来，有一项任务交给你。这是一个简单的系统，包括两个利用纤维镜的电子学工作组。5天可以吧，星期五送给我检查一下。"王经理走了，张华却愣住了。接受任务是一件令人高兴的事,但他不知道是否这就意味着他的职业生涯从此开始了,因为对许多事情比如人事关系、工作程序或者公司发展等等他都还茫然无知。

王茜本是一位政府机关的工作人员,2001年随丈夫工作调动进入北京某大学的工商管理系工作。某周四下午办完报到手续后,系主任把她领到教研室,对正在开会的老师说:"这是新调来的王茜老师,她原来在机关负责审计工作,研究生毕业,能力很强的。大家欢迎她。"教研室老师鼓了几下掌,继续开会。会后教研室主任对她说:"你来得正是时候,下学期的课基本派完了,考虑到你有实践经验,《公司理财学》正适合你,这是你的优势。这是课程表,别忘了周四下午开例会。"王茜回到家中,心中很是忐忑不安。她知道新分来的大学生都有一段做助教的时间,但她没有。她虽然有实践经验,但并没有大学授课的经验。她本来就对北京不熟悉,对学校的情况更是一无所知。没有人告诉她课程要如何安排、学生有什么要求。她自己也不好意思问,只能一个人在家中焦虑重重。

思考题:
1.你认为为什么张华和王茜会有茫然或焦虑的情绪?
2.对这一类的新员工,你认为应该单位应该提供什么样的培训?

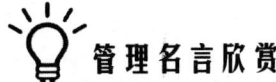管理名言欣赏

老板素质有多高,员工素质就有多高。

——海尔集团CEO 张瑞敏

培训贵,不培训更贵。

——佚名

任务一 初步了解培训工作

培训是企业实施的有计划的、连续的系统学习行为或过程,其目的是通过使员工的知识、技能、态度乃至行为发生定向改进,从而确保员工能够按照预期的标准或水平完成所承担的工作任务。对于培训工作,可以先从其典型工作任务和工作流程来了解。

一、培训专员的典型工作任务

(一)编制员工培训计划

1.根据企业发展战略目标,组织编制企业及各部门的年度、季度、月度培训计划,编制费用预算;

2.调查、收集、汇总企业各部门及人员的培训需求。

(二)培训的组织与实施

1.根据领导审批的培训实施方案,具体安排培训工作,确保培训工作的顺利完成;

2.配合讲师做好培训前、培训中的相关工作调查,收集、汇总企业各部门及人员的培训需求。

(三)培训效果评估

1.收集相关人员对培训实施情况的评估问卷,为培训效果评估做好准备工作;

2.在每次培训结束后,做出对培训效果的评估报告;

3.总结培训经验,改进培训工作,提高企业培训工作的整体水平。

(四)培训信息管理

1.收集培训信息,了解本行业培训动态;

2.收集、整理培训资料和培训课程,并归类存档;

3.建立员工培训档案、做好更新及保管工作。

(五)员工外部培训管理

1.根据企业各部门的业务需求组织员工进行外部培训,包括专业培训、出国出境进修等;

2.与外部培训机构建立良好的合作关系,以满足企业员工外部培训的需求;

3.评估外部培训机构的培训能力和培训效果,提出必要的改进措施。

(六)课程开发与体系建设

1.根据岗位特点开发、设计培训课程;

2.参与建立企业培训课程教案库,协助建立和完善员工岗位培训课程体系收集、整理培训资料和培训课程,并归类存档。

二、培训工作流程

(一)培训需求分析

培训需求的层次分析主要分为三类。

1.组织层次分析

组织层次分析是在企业层面展开的,它包括两个方面的内容:一是对企业未来的发展方向进行分析,以确定企业今后的培训重点和培训方向;二是对企业的整体绩效做出评价,找出存在的问题并分析问题产生的原因,以确定企业目前的培训重点。通过组织层次分析,可以确定在企业层面需要进行什么样的培训。

2.任务层次分析

任务层次分析的主要对象是企业内的各个职位,通过任务层次分析,要确定各个职位的工作任务、各项工作任务要达到的标准,以及完成这些任务所必需的知识、技能和态度。

3.人员层次分析

人员层次分析是针对员工进行的,它包括两个方面的内容:一是对员工个人的绩效做出评价,找出存在的问题,并分析问题产生的原因,以确定解决当前问题的培训需求;二是根据员工的职位变动计划,将员工现有的状况与未来的职位要求进行比较,以确定解决将来问题的培训需求。

(二)制订培训计划

制订培训计划要根据企业的近、中、远期的发展目标,对企业员工培训需求进行预测,然后制订培训活动方案。它包括组织目标、分析现阶段差距、确定培训范围、制定培训内容、选择培训方式、确定培训时间、培训计划的调整方式及组织管理部门等内容。

范例

某企业 2012 年度培训计划书

一、上年度培训工作总结

(略)

二、本年度培训规划

1.培训项目

(1)重点培训项目

①部门经理系列培训(_____次)。

②基础主管系列培训(_____次)。

③新产品培训(_____次)。

④企业内讲师培训(_____次)。

(2)常规培训项目

①新员工:入职系列培训(_____次)。

②研发人员:项目管理培训(_____次)。

③销售人员:系列培训(_____次)。

④技术服务人员:客户服务技能培训(_____次)。

(3)其他培训

其他类别的培训根据企业发展需要而定。

2.培训费用预算

结合企业实际情况,将本年度的培训费用预算定为_____万元,费用明细表在此予以省略。

三、员工培训需求调查情况说明

1.员工培训需求调查(略)

2.员工培训需求调查结果汇总与分析(略)

四、培训计划实施管理

1.各部门应严格按照培训计划进行培训工作。

2.各部门需每季度向人力资源部报本季度培训课程及培训时间,以便人力资源部提前安排。

3.人力资源部根据各部门培训计划制定培训费用预算,财务部须提供配合和支持。

4.人力资源部根据实际需要,协助各部门组织安排培训工作的实施,并为各部门员工建立"员工培训档案"。

(三)实施培训计划

不同的人员在企业中承担不同的职责,其培训需求和内容也是有所区别的,在培训实施过程中,培训方式的选择对培训的效果起着很重要的影响。在制订培训计划以后,人力资源部应按照计划实施培训。实施培训计划包括以下几方面内容:

1.培训实施前的准备

(1)培训讲师的确定

根据培训计划,培训部门负责确定适合的培训机构或培训讲师,并确认培训相关工作事项。

(2)培训设施、场地的准备

在培训场地的选择上,要保证培训实施的过程不受任何干扰,培训设施能正常使用。

(3)其他事项

除了做好上述准备工作外,培训负责部门还需要准备一些其他事项,包括编制培训经费预算、发布培训通知、制定培训纪律等相关事宜。

2.培训计划的实施与控制

在培训实施过程中,除了按照计划表中的时间、地点等开展具体的培训工作以外,还需注意对整个培训过程的监控,并做好相应的培训记录,以便培训完成后对培训工作进行评估。

(四)评估培训效果

1.选定评估者

评估者可以来自企业内部,也可以来自企业外部聘请的专家、企业客户等。评估者的选定主要从培训项目的特点、培训的内容以及企业自身的实际情况等因素综合考虑。

2.对培训工作人员的评估

主要是对讲师、培训组织者进行评估。

对讲师进行评估有利于改进讲师的培训方式,并为下一次培训讲师的选择提供依据。对讲师的评估侧重点在责任心、授课质量方面。

对组织者的评估主要是培训部门的自我评估,侧重点在培训的后勤服务、培训设备的准备、讲师的选择、培训的组织等方面。

3.培训效果的评估

评估培训效果是指收集培训成果以衡量培训是否有效的过程,包括事前评估与事后评估。事前评估是指改进培训过程的评估。事后评估是指以衡量受训者参加培训计划后的改变程度的评估,即受训者掌握了培训目标中确定的知识、技能、态度、行为方式或其他成果。

自 主 学 习 任 务

案例学习:阅读以下案例,谈谈你从中得到的启发。

案例一 迪斯尼的员工培训

世界上有6个很大的迪斯尼乐园,在美国的佛州和加州的这两个迪斯尼乐园,营业都有一段历史了,并创造了很好的业绩。不过全世界开的最成功的、生意最好的,却是日本东京迪斯尼。美国加州迪斯尼斯营业了25年,参观人数共计有2亿人次;而东京迪斯尼的参观人数一年就可以达到1700万人次。研究这个案例,看看东京迪斯尼是如何吸引回头客的。

到东京迪斯尼去游玩,人们不大可能碰到迪斯尼的经理,门口卖票和剪票的也许只会碰到一次,碰到最多的还是扫地的清洁工。所以东京迪斯尼对清洁员工非常重视,将更多的训练和教育集中在他们的身上。

1.从扫地的员工培训起

在东京迪斯尼扫地的员工有些是暑假工作的学生,虽然他们总共只工作两个月时间,但是培训他们扫地要花3天时间。

(1)学扫地

第一天上午要培训如何扫地。扫地有3种扫把:一种是用来扒树叶的;一种是用来刮纸屑的;一种是用来掸灰尘的,这三种扫把的形状都不一样。怎样扫树叶,才不会让树叶飞起来?怎样刮纸屑,才能把纸屑刮得很好?怎样掸灰,才不会让灰尘飘起来?这些看似简单的动作都有严格的培训。而且扫地时还规定开门时、关门时、中午吃饭时、距离客人15米以内等情况下都不能扫。

(2)学照相

第一天下午学照相。十几台世界最先进的数码相机摆在一起,各种不同的品牌,每台都要学,因为客人会叫员工帮忙照相,可能会带世界上最新的照相机,来这里度蜜月、旅行。如果员工不会使用不同品牌的相机照相,就不能照顾好顾客。所以学照相要学一个下午。

(3)学包尿布

第二天上午学怎么给小孩子包尿布。孩子的妈妈可能会叫员工帮忙抱一下小孩,但如果员工不会抱小孩,动作不规范,不但不能给顾客帮忙,反而会增添顾客的麻烦。抱小孩的正确动作是:右手要扶住臀部,左手要托住背,左手食指要顶住颈椎,以防闪了小孩的腰,或弄伤颈椎。不但要会抱小孩,还要会替小孩换尿布。给小孩换尿布时要注意方向和姿势,应该把手摆在底下,尿布折成十字形,最后在尿布上面别上别针,这些地方都要认真培训,严格规范。

(4)学辨识方向

第二天下午学辨识方向。有人要上洗手间,"右前方,约50米,第三号景点东,那个红色的房子";有人要喝可乐,"左前方,约150米,第七号景点东,那个灰色的房子";有人要买邮票,"前面约20米,第十一号景点,那个蓝条相间的房子"……顾客会问各种各样的问题,所以每一名员工要把整个迪斯尼的地图都熟记在脑子里,对迪斯尼的每一个方向和位置都要非常明确。

训练3天后,员工才可以开始扫地。如果在迪斯尼里面,碰到这种训练有素的员工,人们会觉得很舒服,下次还会再来迪斯尼。

2.会计人员也要直接面对顾客

有一种员工是不太接触客户的,那就是会计人员。迪斯尼规定:会计人员在前两三个月中,每天早上上班时,要站在大门口,对所有进来的客人鞠躬道谢。因为顾客是员工的

"衣食父母",员工的薪水是顾客掏出来的。感受到什么是客户后,再回到会计室中去做会计工作。迪斯尼这样做,就是为了让会计人员充分了解客户。

3.其他重视顾客和员工的规定

(1)怎样与小孩讲话

来迪斯尼游玩的有很多是小孩,迪斯尼规定员工碰到小孩问话时都要蹲下,蹲下后员工的眼睛跟小孩的眼睛要保持同一高度,这样小孩就不需要抬着头去跟员工讲话。因为小孩是迪斯尼未来的顾客源,所以要特别重视。

(2)怎样送货

迪斯尼乐园里面有喝不完的可乐,吃不完的汉堡,享受不完的三明治,买不完的糖果,但从来看不到送货的。因为迪斯尼规定在客人游玩的区域是不准送货的,送货统统在围墙外面。迪斯尼的地下像一个隧道网一样,一切食物、饮料统统在围墙的外面下地道,在地道中搬运,然后再从地道里面用电梯送上来,所以客人永远有吃不完的东西。

通过对员工进行培训,迪斯尼建立起了如下理念:顾客站在最上面,员工去面对客户,经理人站在员工的底下来支持员工,员工比经理重要,客户比员工又更重要。这个观念值得所有的企业学习。

案例二 惠普的向日葵计划

惠普为了帮助年轻的经理人员成长,制订了一个系统的培训方案——向日葵计划。这个计划旨在帮助中层的经理人员从全局把握职位要求,改善工作方式。员工进入惠普,一般要经历四个自我成长的阶段:第一阶段为自我约束阶段,不做不该做的事,强化职业道德;第二阶段为自我管理阶段,做好应该做的事,即本职工作,加强专业技能;第三阶段强调自我激励,不仅做好自己的工作,而且要思考如何为团队做出更大的贡献,思考的立足点需要从自己转移到整个团队;第四阶段是自我学习阶段,学海无涯,随时随地寻找学习机会。

具体来说,在惠普,一个经理人不单自己要学习成长,更重要的是让团队成员成长。经理更注重员工培养,当一名新员工入职后,经理会和他(她)一起制定试用期工作目标及相应的能力提升培训计划。每年制定年度绩效与发展目标时,经理会就部门业绩指标与部属一起讨论,让每一位员工了解自己的工作职责与绩效,让员工明确自己对本部门、对公司的经营发展所起的作用,给他们带来荣誉感和责任感。通过一对一的绩效访谈,确定绩效目标和培训发展目标。在日常工作中,经理们都要花时间对员工进行指导及听取反馈,采用灵活的培训形式,帮助员工达成绩效。惠普的经理有这样一句话:"功归他人,过归己任。"惠普的经理更多地提供资源支持及协调统筹,帮助员工达成高绩效是他们的重要工作职责。

案例三 GE:培养全球化的职业经理人

鲍伯·科卡伦是美国通用电气公司(GE)副总裁兼首席教育官,领导通用电气知名的约翰·韦尔奇领导发展中心,负责GE全球经理人的培训与发展。

鲍伯·科卡伦介绍,对于中层管理人员来说,公司给他们提供了正式的机会来管理一个团队或者一个业务部门,同时提供管理方面的专业培训,使他们有机会接触公司更高层领导,身体力行地学习如何成为一个高层领导。GE认为,领导能力的最好方式就是由领导人授课，而不是请大学教授专家讲授，这样才能传授实际的经验和教训。在韦尔奇担任 CEO 的 20 年中，共举办了 280 次这一类的课程，他每次都参加了授课，每一次都要讲两到六个小时，教授领导能力。

如何培养全球化的职业经理人，这是 GE 一直探讨的话题。他们的做法是让大家都来参与制定全球化工作程序，一个人可能在北京办公室工作，但他所做的工作可能会与欧洲、美国的客户，德国、法国等供应商进行大量的接触。培训可以让他们学会身处异地，站在全球化的视角上，客观、公正地出做出正确的决策。

GE 在选人的时候，会选择那些诚信的人，同时，通过培训使他们成为一个杰出的管理者、领导者。GE 的文化鼓励员工做出承诺，并实现自己的承诺，GE 也希望为他们提供机会，使他们成为世界上最好的领导人。

案例四　广东太古可乐：黄埔干训班

广东太古可乐的管理层十分重视员工的发展项目，并亲自参与其中。黄埔干训班的内容中渗透了管理层的思维，融入广东太古的企业文化，培养具有广东太古特色的管理人才。

从 2002 年起，广东太古可乐对全公司主任级以上的所有的员工连续进行了三年的培训，每期的培训时间均在一周左右，每期的课题核心依次是：第一年，基础业务知识，基础管理理念；第二年，公司核心流程，中级管理课程；第三年，公司业绩目标，高级管理课程。大部分的培训均由公司的内部培训员和管理层来负责讲授，不仅与业务紧密关联，而且各个层次的员工有一周的时间聚集在一起，加深了他们之间的了解，促进了部门与部门之间的沟通。黄埔干训班不仅仅是个培训的机会，更为员工提供了一个沟通的平台。许多经理都十分珍惜每年的培训机会，把一些工作中的问题带去培训期间讨论。

黄埔干训班已经成为广东太古可乐的一个经典培训项目，成为一个真正和公司业务发展战略、企业文化相结合的培训运作体系。

案例五　英特尔："一带一"的手法

英特尔公司对于人才培养的独到之处在于他们采用了"一带一"的手法去培养经理人。公司 CEO 葛鲁夫曾多次说过，任何管理者的部分关键工作就是为继任者铺路，而为继任者铺路的最好方式就是平稳过渡，即当铺路者仍然工作的时候对继任者起推动作用。英特尔公司对人才的最高要求并不是经验，而是学习能力。

英特尔公司的经理人培训通常有三个阶段。第一阶段是经理在公司做事的一些流程和制度，让经理人更深入地了解管理层的事情；第二阶段是管理任务周期培训，此过程是管理业务技能的训练，即告诉管理者如何去管理；第三阶段是人员管理培训，这一阶段会主要练就沟通、辅导和发展员工的能力。

此外，对经理人培训还有五个环节：第一步是制定工作目标，第二步是完成计划，第三步是如何帮助别人共同解决问题，第四步是对员工如何实施管理，第五步是如何进行员工的激励训练。

企业培训是人力资源管理的核心之一，也是一切人才发展的立足点，有效的企业培训是实现企业战略和经营目标的重要条件。企业的能力发展主要之一是人才的培养发展，并且渗入企业文化、企业经营发展所必需的核心能力，另外关注员工个人成长与发展，共同促进业务与组织的成长。培训的重点必须把握企业所处的阶段及业务发展重点,以及组织管理所需的能力,此外,培训与员工职业发展、绩效管理要相结合,目前国内许多公司更多的是为了培训而"培训",培训目标其实并不是很清晰,因此导致培训效果并不好,这也是许多民营企业需要改进的方面。

案例六 "以人为本"的培训——海尔提高人员素质的培训

海尔集团一直贯穿"以人为本"提高人员素质的培训思路,坚持"干什么学什么,缺什么补什么,急用什么先学,立竿见影"的培训原则。

培训下级是集团内各级管理人员职责范围内必需的项目,这就要求每位领导上到集团总裁、下到班组长都必须为提高部下素质而搭建培训平台、提供培训资源,并按期对部下进行培训。海尔大学每月对各单位培训效果进行动态考核,划分等级,等级升迁与单位负责人的个人月度考核结合在一起。具体方式有以下几种。

1. 实战技能培训

海尔在进行技能培训时重点是通过案例、到现场进行的"即时培训"模式来进行。具体说,是抓住实际工作中随时出现的案例(最优事迹或最劣事迹),当日利用班后的时间立即在现场进行案例剖析,针对案例中反映出的问题或模式,来统一人员的动作、观念、技能,然后利用现场看板的形式在区域内进行培训学习,并通过提炼在集团内部的报纸《海尔人》上进行公开发表、讨论,达成共识。

2. 个人生涯培训

海尔的人力资源开发思路是"人人是人才"、"赛马不相马"。在具体实施上给员工提出了三种职业生涯设计:一种是对着管理人员给的,一种是对着专业人员的,一种是对着工人的。每一种都有一个升迁的方向,只要是符合升迁条件的即可升迁入后备人才库,参加下一轮的竞争,跟随而至的就是相应的个性化培训。

(1)"海豚式升迁"。如一个员工进厂以后工作比较好,但他是从班组长到分厂厂长干起来的,主要是生产系统;如果让他干一个事业部的部长,那么他就要到市场上去,从这个最基层岗位再一步步干上来。如果能干上来,就上岗,如果不行,则就地免职。

(2)"届满要轮流"。一个人长久地干一样工作,久而久之形成了固化的思维方式及知识结构。所有海尔公司规定了每个岗位最长的工作年限。

(3)实战方式。一边补修相关课程,一边到一线去锻炼,边干边学,拓宽知识面,积累工作经验同时进行。

3. 培训环境

在内部,建立内部培训教师师资网络。首先对所有可以授课的人员进行教师资格认定,持证上岗。同时建立了内部培训管理员网络,以市场链 SST 流程建立起市场链索酬索赔机制及培训工作考核机制;每月对培训工作进行考评,并与部门负责人及培训管理者工资挂钩,通过激励调动培训网络的灵活性和能动性。

在外部,建立可随时调用的师资队伍,与国内外 20 余家大专院校、咨询机构及国际知名企业近百名专家教授建立起了外部培训网络,利用国际知名企业丰富的案例进行内部员工培训,汇编本公司内部员工培训的案例,达到资源共享。

任务二　培训的方法

随着培训技术的发展,培训的方法越来越多样化。这使得企业在进行培训时挑选的余地越来越大,但同时也增加了选择的难度。常见的培训方法有多种,企业可根据具体情况进行选择。

一、讲授法

这是最基本的一种培训方法,培训师按照讲义系统地向学员传授知识。其优点有:传授知识比较系统,有利于大规模培训,对环境要求不高,有利于培训师发挥,费用低。

这种培训方法的不足之处在于:单向传授,不利于双向互动;不能满足学员的个性要求;培训师水平直接影响培训效果;该传授方式较不适合成人学习。

二、案例分析及研讨法

案例分析法采用真实内容的案例,案例中包含一定的管理问题,学员查找问题、分析问题原因,并提出解决方案。其优点有:参与性强,将提高解决问题的能力融入知识传授中;教学方法生动;学员之间能够通过案例分析达到交流的目的。不足之处在于:案例准备时间长,要求高;对学员和顾问的能力要求高;无效案例可能会浪费时间。

(一)案例分析法的操作程序

1.培训前的准备工作

(1)根据培训目标和培训对象确定培训课程的具体内容。

(2)从平时积累的案例中选择适当的案例作为研讨内容。

(3)制订培训计划,确定培训时间、地点。

(4)熟悉案例分析法的操作方法,了解实际应用中应注意的问题,掌握案例的选择标准和讨论后进行总结的方法。

2.培训前的介绍工作

(1)培训者向学员介绍:培训者自我介绍;培训的目的、培训方式;案例分析法的基本内容、特点;案例分析法应用时应注意的问题及应用后能达到的效果;本次培训课程的计划安排。

(2)学员简单地自我介绍,彼此相互认识以获得基本的了解,以创造一个友好、轻松的研讨气氛。

(3)将学员分组,确定各组组长。

3.案例研讨

(1)教师展示案例资料,让学员了解、熟悉案例的内容,同时培训者应回答学院就案例内容提出的问题。

(2)各组分别研讨案例,找出所有的问题,并进一步确定核心问题。

（3）小组成员提出多种解决方案，通过讨论选择最佳方案。

（4）全体讨论解决问题的方案。

4.分析总结

（1）培训者就案例内容及其解决方案进行总结。

（2）培训者就本次培训课程的学习要点进行总结，并对讨论质量做出评价（检查是否达到预期要求，对学生的发言进行分析）。

（二）案例分析及研讨法的实施要点

1.培训者应在案例资料展示完毕后，进行必要的解释说明，回答学员的提问，以尽量保证学员对案例内容的准确把握，因为案例是从实际工作中收集来的，学员一般无法完全通过材料了解案例的全部背景和内容。

2.小组讨论中，若发现研讨内容偏离主题，培训者应及时纠正；当讨论出现冷场时，可通过提出引导性的问题引导学员思考、辩论。研讨题目既要紧密联系案例实际，能反映现实问题，又要具有启发性，能启发学员思考、研究，以利于学员能力的提高和对知识的掌握。讨论的题目应根据结合培训对象的知识、能力水平确定。指导教师应鼓励每个学员积极参与讨论，鼓励学员提出自己的独到见解，并对学员的个人见解予以肯定。

3.各小组在提出最佳方案时，若培训者发现各组提出的对策缺乏新意，应给予提示引导，以促使学员深入思考。

4.集体讨论时，培训者应注意控制时间，并进行适当引导，以使讨论能够深入。

5.培训者进行总结时，既要对案例内容及解决方案进行分析，又要对各组提出的方案做出评价。

6.培训者应在每次案例研讨结束后，对案例研究工作和结果进行记录、整理，一方面可保持、提高案例研究的完整性，另一方面有助于提高组织案例研讨课程的技巧和水平。

通过案例研讨，能调动学员的积极参与，有利于学员培养综合能力；多向式信息交流加深对知识的理解，提高运用能力；形式多样，适应性强，可针对不同的培训目的。这种培训方法的不足之处在于对指导培训师的要求较高，他们不仅应是所研讨课题方面的专家，而且要善于引导、组织学员围绕主题展开讨论，同时创造轻松自由的讨论气氛，否则直接影响研讨的顺利进行，影响培训的效果。

三、实践法

实践法多用在企业培训生产作业员工或技术人员时的培训课程中，将"听"、"看"和"干"有机地结合在一起，使学员不仅掌握理论知识，同时在实践中掌握操作技能，加深对理论知识的理解。以下几种方法都是实践法的应用。

（一）工作指导法

工作指导法的应用形式是，由指导者在工作岗位上直接对员工进行培训，这种方法也称教练法或实习法。其应用最普遍，具有很强的实用性，是进行员工培训的有效手段。主要优点有：经济、实用、有效，适用范围广泛，不足在于培训效果受指导者水平和能力的限制。

（二）工作轮换法

这种培训方案是使受训者在预定时期内变换工作岗位，使其获得不同的工作经验。该法能丰富受训者的工作经验；增强对企业的了解；了解自己的长处和不足，找到适合的位置；增强部门之间的合作和理解。

（三）个别指导法

这是一种"师傅带徒弟"的培训方式，目前我国仍有很多企业在实行这种帮带式培训方式。这种传统且经典的方法可以使新员工避免盲目摸索；有利于新员工快速融入团队；能消除新员工的紧张感；有利于优良传统的延续；新员工可以获得相关的经验。不足之处在于：指导者可能保留自己的经验，使指导流于形式；受指导者的本身的水平影响很大；不良的工作习惯会影响新员工；不利于创新工作。

自 主 学 习 任 务

实训任务：上机，制作培训课件 PPT

在培训的时候，有一个工具的使用方法必须要好好掌握，那就是 PowerPoint（简称 PPT，是一款幻灯片制作软件）。每组同学课下制作一份对厦门美易在线科技股份有限公司进行介绍的 PPT，要求下节课上台展示 PPT 作品，不同组别之间可相互点评。

任务三　新员工岗前培训的实施

一、岗前培训的含义

新员工进来后，第一件事就是进行岗前培训。岗前培训又叫入职培训，是对新员工的导向培训，即在上岗前进行的对有关组织背景、基本情况、操作程序和规范的基础性培训和适应性培训。岗前培训是新员工在组织中发展自己职业生涯的起点，新员工通过入职培训可以对企业的发展情况、企业文化、业务流程、管理制度等进行全面的了解。

岗前培训同时意味着新员工必须放弃某些理念、价值观念和行为方式，适应新组织的要求和目标，学习新的工作准则和有效的工作行为。企业在这一阶段的工作要帮助新员工建立与同事和工作团队的关系，建立符合实际的期望和积极的态度。

通过岗前培训，可以让新员工掌握干好本职工作所需要的方法和程序。使新员工不仅了解本职工作，而且了解企业的发展现状、价值观和发展目标。使新员工感觉到企业对他们的关心，增加对工作和企业的好感。岗前培训还能打消新员工对新的工作环境不切实际的期望，避免企业管理人员过多地行使权威。

二、岗前培训的内容

（一）了解公司概况

公司概况包括公司业务范围、创业历史、企业现状以及在行业中的地位、未来前景、经营理念与企业文化、组织机构及各部门的功能设置、人员结构。

（二）学习员工守则及公司各项制度

公司各项制度包括企业员工行为规范、薪资福利政策、奖惩条例、培训制度、费用报销程序及相关手续办理流程以及办公设备的申领使用。

（三）实地参观

安排新员工参观企业各部门以及企业周边环境。

（四）上岗培训

培训新员工了解岗位职责、业务知识与技能、业务流程、部门业务周边关系等。

三、岗前培训案例：DE 公司的新员工培训

（一）背景介绍

DE 公司是一家半导体芯片制造厂。目前公司有 10 个部门，员工近千人，其产品主要供应给国内外的电脑制造商。由于公司在今年 4 月份招聘了一批大学应届毕业生，因此需要一套完整可行的新员工培训计划。

（二）DE 公司培训方案

1. 培训内容

DE 公司为新员工安排的培训内容如表 3-1 所示。

表 3-1　DE 新员工培训内容

培训内容		时间	公司说明
岗前培训	企业文化培训	1 天	DE 公司的发展历程、企业文化、企业宗旨、组织结构等
	生产管理培训	4 天	公司产品介绍、专业术语、组装程序、检测程序、生产任务概述、岗位技能等
	内部管理培训	4 天	职业安全、质量控制和管理、公司人事制度、岗位整理和清洁、员工的权利和义务、员工手册学习等
	职业能力培训	4 天	职业态度、职业礼仪、团队精神、沟通技巧、执行力、如何撰写文件和报告、创新和问题解决等
在岗培训		1 个月	在生产线或部门实习，由老员工对新员工一对一地进行指导和训练

2. DE 培训具体安排

编制培训课程表，可以一目了然地使受训者明确培训具体安排。培训课程表中应包括培训的具体时间、地点、培训内容、授课教师等基本信息，如表 3-2 所示。

表 3-2　DE 公司新员工培训课程表

培训时间	培训地点	培训内容	培训讲师
2016 年 7 月 1 日 9:00—11:00	会议室一	DE 公司发展历程、DE 企业文化	许洋（DE 公司总经理）
2016 年 7 月 1 日 14:00—16:00	会议室一	DE 公司组织结构、规章制度	李振（DE 公司人力资源部经理）
……	……	……	……

3.参与培训人员的分工

通过分工表，可以使参与人各负其责、责任明确、协调进度、统一思想。如表 3-3 所示。

表 3-3　DE 公司新员工培训参与人员分工表

参与人员		工作内容
培训负责人	人力资源经理	负责培训计划的制订、实施、监督及评估工作
培训执行人	培训主管	协助人力资源经理制订培训计划并落实
培训师	培训主管	讲授企业文化和部分内部管理培训课程
	生产部经理/主管	讲授部分生产管理和内部管理课程
	部分优秀员工	部分课程，并担任新员工实习导师
	外部培训师	讲授职业能力和职业素养课程
后勤保障	行政专员	设备保障、物料准备

4.培训评估

对新员工培训效果的评估，采取定期与不定期两种形式，具体内容如表 3-4 所示。

表 3-4　DE 公司新员工培训效果评估

评估方式	评估内容
定期评估	1.每周最后一堂课进行培训内容检验，以笔试为主进行 2.课程结束后，培训师对学员进行评价，学员也要对培训师进行打分，从学员出勤、成绩、反馈、提供的教学意见等方面进行评估。
不定期评估	1.不定期地对学员进行考试或评估，以检验学员对培训内容的掌握程度和培训效果 2.追踪性评估，对学员走上工作岗位以后的表现进行跟踪及反馈

自 主 学 习 任 务

一、实训任务

任务一　利用网络、图书馆藏书收集一家企业的岗前培训方案。

任务二　编制培训项目申请表、培训计划表、培训课程表、培训经费预算表、培训效果反馈表等。

任务三 策划一场"模拟培训会",并在班级组织实施。

任务四 上机制作受训人员胸卡。

参与培训人员的胸卡是培训人员的识别卡,使用它可以快速认识学员,记住学员的编号或姓名。参与培训人员的胸卡有多种样式,最简洁的是只有学员的编号和胸卡。在 excel 中,可以直接利用函数或 word 中邮件合并工具直接引用培训人员名单中的信息来生成胸卡。

原始表见表 3-5,胸卡效果图见图 3-1。你可以借鉴模板样式并进行优化和改进。

表3-5 厦门美易在线科技股份有限公司 2016 年 6 月受训员工名单

序号	学员编号	学员姓名	所在部门
1	HY01002	王晓晓	物流部
2	HY01003	陈明珠	物流部
3	HY01004	张敏	物流部
4	HY01005	陈佳一	物流部
5	HY01006	张强	物流部
6	HY01007	李明浩	市场部
7	HY01008	周伯通	市场部
8	HY01009	李勇	市场部
9	HY01010	吴洁喜	市场部
10	HY01011	魏琳琳	市场部
11	HY01012	章小蕙	市场部
12	HY01020	李菲	市场部

	A	B	C	D
1		学员编号	HY1002	
		学员姓名	王晓琳	
2		学员编号	HY01003	
		学员姓名	陈明珠	
3		学员编号	HY01004	
		学员姓名	张敏	

图 3-1 胸卡效果图

二、示范工具

（一）培训协议书模板

某企业培训协议书

编号：

甲方（企业）：

乙方（员工）：

经乙方本人申请，甲方审核同意，由甲方出资，乙方外出参加培训。甲方选派乙方到_____（本市、非本市）参加_____培训，学习期限为_____年（天），自_____年_____月_____日始至_____年_____月_____日止。

培训性质为：□脱产学习　　□半脱产学习　　□非脱产学习　　□非学历培训　　□学历培训

经甲乙双方协商一致，平等自愿签订本协议，内容如下。

1.培训缴费类型如下，两项只选其一。

□培训费由乙方先行支付，培训结束后按甲方的培训工作管理规定（为本协议附件）和本协议约定，凭相关证书或证件及发票按比例报销培训费，乙方应按约定为甲方服务满规定期限。

□培训费由甲方统一支付，培训结束后，按甲方的培训工作管理规定（为本协议附件）和本协议约定，乙方应为甲方服务满规定期限。

2.培训期间工作安排、工资及福利待遇按培训工作管理规定执行。

3.乙方在培训学习期间，应严格保守企业机密，遵纪守法，虚心学习先进经验和技术，圆满完成培训学习任务。

4.乙方在培训学习期间，除应遵守培训单位的各项规章制度外，还应遵守甲方的所有规定。

5.由乙方先行支付培训费用的，乙方培训期间无论何种原因致使双方解除劳动合同，甲方不再有报销乙方学成之后培训费用的义务。

6.乙方培训学习结束返回工作岗位后，两周内，需向甲方人力资源部提交一份培训报告，作为企业内部培训材料，并有义务对本部门相关岗位的其他员工进行培训。

7.乙方完成学业后应取得_____证书。若乙方未能取得证书，由乙方先行支付费用的，甲方不予报销学费；由甲方统一支付费用的，则甲方有权从乙方工资中扣除。乙方所占工作时间按培训工作管理规定相关条款执行。

8.服务期限约定，主要有以下两点。

（1）由甲方统一支付非学历培训费用的，乙方应为甲方服务满_____个月，自_____年_____月_____日至_____年_____月_____日。

（2）乙方完成学历培训后由甲方报销培训费用的，按学位证书记录取得学位之日起计算应为甲方服务年限。按培训工作管理规定，约定服务期应满_____年，自_____年_____月_____日至_____年_____月_____日。

9.培训费报销、费用递减约定,如下所述。

(1)非学历培训。由甲方统一支付培训费用的,培训费用按服务期限月数分摊,服务期限每满1个月递减1个月费用。

(2)学历培训。乙方完成学业后凭＿＿＿＿＿＿＿＿学位证书、毕业论文、学费发票、本协议到甲方人力资源部备案,并由甲方一次性为乙方报销学费。

报销比例为学费的　□60%　　□80%　　□＿＿＿＿%。

报销金额＿＿＿＿元,大写＿＿＿＿＿＿。

服务期限满1年递减所报学费的＿＿＿＿%;服务期限满2年递减所报学费的＿＿＿＿%;服务期限满3年递减所报学费的＿＿＿＿%。

(3)其他约定。

10.违约责任。甲方为乙方支付或报销培训费用后,乙方未能为甲方工作达到本协议约定期限的,按下列标准执行。

(1)乙方原因提出提前解除劳动合同的,从乙方离职之月起,计算乙方未满服务期应支付的违约金。

(2)因违反甲方管理规章制度被辞退、除名或开除的,或在合同期内擅自离职的,除应支付未满期限之违约金为补偿外,还应赔偿未满服务期给甲方造成的经济损失,每月＿＿＿＿元。

(3)除上述"(1)"、"(2)"条所列原因外,其他原因使员工未能为甲方工作达成约定期限而提前与甲方解除劳动合同的,从解除劳动合同之月起,计算乙方未满服务期应支付的违约金。

注:培训费指报销凭证所列"培训、学费"的相关金额。

11.本协议为劳动合同的附件。

12.本协议未尽事宜,双方应友好协商解决,若不能达成共识,可报企业所在地的劳动仲裁委员会申请仲裁。

本协议自双方签字之日起生效,本协议一式两份,甲乙双方各持一份,具有同等法律效力。

甲方:　　　　　　　　　　　　　　乙方:

盖章:　　　　　　　　　　　　　　盖章:

＿＿＿年＿＿＿月＿＿＿日　　　　　＿＿＿年＿＿＿月＿＿＿日

(二)某项目员工培训计划表(见表 3-6)

表 3-6　某项目员工培训计划表

培训项目				
培训时间	培训内容	培训地点	培训讲师	负责人

参加培训人员共计_____人,名单如下

姓名	职务	部门
培训费用预算 (单位:元)		每人分摊费用 (单位:元)	

学习情境四　绩效管理

学习目标

知识目标：通过本情境的学习，使学生熟悉并掌握绩效及绩效管理的概念和内容、目的、内涵及作用；掌握绩效管理的流程、绩效考评的流程；目标管理的含义、内容及流程。

能力目标：编制各类绩效考评用表及考评方案。

导入情境

A公司近来经营情况欠佳，公司总经理M先生要求人力资源部对本公司部门经理及以上的干部实施绩效考核。

到了月末，公司生产部经理L先生收到一份绩效考核表要其填写。L先生对绩效考核不甚了解，同时对绩效考核的目的有些担心，以为公司是不是因为近来经营不善，要减薪或者裁员。于是，L先生便在"工作内容"一栏里，将自己一个月里所做的事情做了一个简要的小结，并将自己觉得完成得不错的工作列在了前面。在"自评"一栏里有"出色完成、较好完成、一般完成、基本完成、没有完成"五个档次。由于公司产品质量问题一直上不去，L先生担心考核结果会对自己不利，斟酌了一下便选了"一般完成"。到了"原因分析"一栏，L先生填了"物料部进料质量太差，生产时间又太紧张"。L先生填好后将考核表交给主管自己部门的副总经理B先生。

B先生因为日常工作已经非常烦琐，认为所谓绩效考核不过是无谓的文字工作，况且B先生也不愿得罪人，便在"直属领导考评"一栏中对所有下属都千篇一律地写上"同意自评意见"。然后，B先生再将考核表交给人力资源部的经理G女士。

G女士负责绩效考核表的汇总工作。她在汇总时，留意看了看"原因分析"一栏，其中物料部工作欠佳的主要原因是"财务部资金供给不足，使得工作被动"，财务部的又是"销售部应收账款太多，致使资金周转不灵"，而销售部的是"产品质量不好，应收款难以收回"。最终，G女士也不知道责任究竟出在哪里，况且自己这个人力资源部权力有限，便没去多加过问。最后，G女士对绩效考核表只是作了一个简要汇总后就整齐地把考核资料归档放在了文件柜中，也未去采取其他的措施，这次考评就这样草草收场。

问题：A公司的绩效考评存在哪些问题？如何才能克服这些问题，你有何建议？

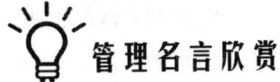

不管有无制度,经营上总是要经常对人进行考评;如果缺少对业绩、能力的制度性考评,我们只能依赖一线监督者的意见做出人事安排,稍有疏忽,稍有不注意就会出现不公平,导致不满,损害士气和效率等。所以,有作为的经营者都会采用人事考评制度,努力对职工的能力和业绩做出客观而公正的评价。

——"经营之神"松下电器创始人 松下幸之助

任务一　初步了解绩效管理

一、基本概念

(一)绩效

1.绩效的含义

绩效(performance),也称业绩,是指员工经过考评并认可的工作行为、工作表现及工作结果。从最一般的意义上讲,绩效指的是活动的结果和效率水平;从管理实践来看,人们对于绩效的认识是不断发展的,从单纯强调数量到强调质量,再到强调满足客户需求,从强调"即期绩效"到强调"未来绩效"等,发展到今天,对其内涵的认识也越加成熟。

2.绩效的特点

(1)多因性。绩效的优劣不是取决于单一的因素,而是受到主、客观多种因素的影响。可以用一个数学公式来表示影响绩效的关键因素:$P = f(s, m, e, o)$,其中各变量的含义如下:

P:绩效(performance);S:技能(skill);M:激励(magnetization);E:环境(environment);O:机会(opportunity)。

(2)多维性。需要从多个维度或方面去分析与考评绩效。比如,在考评一名生产工人的绩效时,不仅要看产量指标完成的情况,还应该综合考虑产品的质量、原材料的消耗、设备保养状况、纪律意识、工作态度等。当然这并不是说在所有的情况下都需要对所有可能的考评维度进行考评,根据考评的不同目的,可能需要选择不同的考评指标,而且各个指标的权重不同。

(3)动态性。员工的绩效是会变化的。随着时间的推移或激励环境的变化,绩效差的可能会变好,绩效好的也可能变差。这种动态性决定了绩效的时效性。如果管理者总是以一成不变的观点看待员工绩效,势必会导致考评误差的出现。

(二)绩效管理

1.绩效管理的含义

绩效管理是指为实现组织发展战略目标,采用科学的方法,对员工个人或组织的综合素质、态度行为、工作业绩的全面监测分析与考核评定,不断激励员工,改善组织行为,提高综合素质,充分调动员工的积极性、主动性和创造性,挖掘其潜力的活动过程。

2.绩效管理的特点

具体地说,绩效管理具有以下几个基本特点:

(1)绩效管理的目标是不断改善组织氛围,优化作业环境,持续激励员工,提高组织效率。其既适用于公司、部门或小组的目标定位,也可以按员工的个人目标定位。

(2)绩效管理是覆盖组织中所有的人员和所有的活动过程,是全员、全面、全过程的立体性的动态管理系统。

(3)绩效管理是一套正式的结构化的制度,通过一系列考评指标和标准,衡量、分析和评价与员工工作有关的特质、行为和结果。

(4)绩效管理是一个有序的、复杂的管理活动过程。

3.绩效管理与其他几个相似概念

目前,在各类教科书中,很多人使用了诸如绩效考评、绩效考核、绩效评价、绩效评估等类似的术语。它们与绩效管理的概念既有十分密切的联系,又存在明显的区别。在各种专业名词中,采用"绩效考评"一词更为贴切,因为它既包含"考核",又包含"评价、评估"。

绩效管理与绩效考评比较起来,绩效考评是绩效管理活动中的一个重要环节。绩效管理的外延比较大,包括绩效计划、考评标准制定、考核实施、反馈、总结和改进工作的全过程。

4.绩效管理的功能

绩效管理无论对于企业层面还是个人层面,都有极大意义。对企业而言,绩效管理有如下几个方面的功能:

(1)诊断功能。绩效管理能探明组织中存在的问题和不足,为组织变革和组织发展提供重要的依据。通过绩效考评工作,调查掌握组织机构的绩效现状及存在的问题,并对照工作说明书、组织结构图、管理业务流程等文件,进行分析、改进和调整,为组织变革和组织发展提供依据。

(2)监测功能。通过有效的绩效管理体系的运行,可以对组织中各个层次的人员、物力、财力等资源配置及实际运行情况进行及时的监督、测定和考量,才能达到有效的组织、协调和控制,从而实现预定的绩效目标。

(3)导向功能。绩效管理通过绩效标准的设定,对组织成员的行为及态度具有明显的导向作用,可以不断地改善组织氛围,促进员工与企业共同发展,提高整体效率和经济效益。

绩效管理对于员工层面可以起到以下功能和作用:

(1)激励功能。绩效管理可以充分肯定员工的工作业绩,同时约束员工不合适的态度和行为,帮助其实现绩效改进,有利于鼓励先进、鞭策落后、带动中间,从而对每个员工的行为进行有效的激励。

(2)规范功能。绩效管理为各项人事管理提供了一个客观而有效的标准和行为规范,并依据这个考核的结果进行晋升、奖惩、调配等。通过不断考核,会使企业形成事事按标准办事的风气,使企业的人力资源管理标准化。

(3)发展功能。一方面,根据考核结果制订正确的培训计划,达到提高全体员工素质的目标;另一方面,可以发现员工的特点,根据特点决定培养方向和使用方法,充分扬长避短,提高个人绩效。

(4)沟通功能。考核结果出来后,管理者将与员工谈话,说明考核结果,听取员工的申诉和说明。这样为上下级提供了一个良好的沟通机会,使上级与下级之间相互理解,并增进相互间的理解。

此外,绩效管理在获得数据资料方面还有其他一些功能。首先,掌握了全部员工以及高层管理者的智力素质、心理素质、知识素质、品德素质、技能素质、经验素质等方面数据,特别是员工提升可能和潜力的数据。另外,绩效管理所提供的数据资料,可以为调整劳动关系提供技术支持,例如发生劳动争议时,员工的绩效记录往往成为争议双方的重要旁证,比一纸诉状更有说服力和雄辩力。绩效管理的数据资料还可以揭示组织中存在的问题,为企业经营管理诊断活动提供重要的依据。

二、绩效管理的流程

(一)制订绩效计划

制订绩效计划即定义绩效,确定绩效的具体维度及各维度的内容和权重。主管与员工对于员工考核期间应该履行的工作职责、权限、各项任务的重要性程度、绩效的衡量标准及权重等一系列问题共同进行探讨并达成共识。

在这个阶段,工作岗位说明书提供了内容上的技术支持;企业战略、企业文化确定了明确的方向,提供了信念和目标上的支持;另外,企业的人力资源政策也影响着定义绩效。

(二)绩效考评

这是绩效管理系统的主体部分,是绩效管理活动中的中心环节。在定义绩效的基础上制订出一个健全合理的考评方案并实施绩效考评。考评方案主要包括考评的内容、方法、程序、考评的组织者、考评主体与考评对象以及考评结果的统计处理等。其中,选择合适的考评方法、设计出可行的考评表格是最关键也是最困难的工作。

(三)绩效反馈及沟通

将绩效考评的结果反馈给员工本人,是为了让员工正确地认识自我、评估自我。管理者根据绩效考评所获得的信息与员工进行面谈,并对员工进行适当、明确的指导,可以使员工的个人发展与实现组织目标结合起来,从而达到提高绩效的目的。

(四)绩效总结

每一轮绩效管理活动的结束,都要对绩效计划、绩效沟通、绩效考评、绩效诊断等各项活动过程进行深入全面的总结,通过总结发扬成绩,纠正错误,以进一步改进和提高绩效。

三、绩效管理中的职责划分

(一)各级主管的职责

1.与下级员工共同确定绩效指标和绩效目标。

2.跟踪员工的绩效计划执行情况并提供帮助。

3.真实客观地对下级员工进行绩效考评。
4.就绩效考核结果与员工进行反馈与面谈。

(二)人力资源部门的职责

1.设计、试验、改进和完善绩效管理制度,并向有关部门建议推广。
2.在本部门认真执行绩效管理制度,以起到示范作用。
3.宣传企业员工的绩效管理制度,说明贯彻该项制度的重要意义、目的、方法与要求。
4.督促、检查与帮助各部门贯彻现有绩效管理制度,培训实施绩效管理的人员。
5.收集反馈信息,包括存在的问题、难点、批评与建议,记录和积累有关资料,提出改进方案和措施。
6.根据绩效管理的结果,制订人力资源开发计划,并提出相应的人力资源管理决策。

自 主 学 习 任 务

一、阅读以下材料,并回答问题。

(一)管理寓言故事:唐僧师徒的故事

话说,唐僧团队乘坐飞机去旅游。途中飞机出现故障,需要跳伞,不巧的是,四个人只有三把降落伞,为了做到公平,师傅唐僧对各个徒弟进行了考核,考核过关就可以得到一把降落伞,考核失败,就自由落体,自己跳下去。

于是,师傅问孙悟空:"悟空,天上有几个太阳?"悟空不假思索地答道:"一个。"师傅说:"好,答对了,给你一把伞。"接着又问沙僧:"天上有几个月亮?"沙僧答道:"一个。"师傅说:"好,也对了,给你一把伞。"八戒一看,心理暗喜:"啊哈,这么简单,我也行。"于是,摩拳擦掌,等待师傅出题,师傅的题目出来,八戒却跳下去了,大家知道为什么吗?师傅的问题是:"天上有多少星星?"八戒当时就傻掉了,直接就跳下去了。这是第一次旅游。

过了些日子,师徒四人又乘坐飞机旅游,结果途中,飞机又出现了故障,同样只有三把伞,师傅如法炮制,再次出题考大家,先问悟空:"中华人民共和国哪一年成立的?"悟空答道:"1949年10月1日。"师傅说:"好,给你一把。"又问沙僧:"中国的人口有多少亿?"沙僧说是13亿,师傅说:"好的,答对了。"沙僧也得到了一把伞,轮到八戒,师傅的问题是,13亿人口的名字分别叫什么?八戒当时晕倒,又一次以自由落体结束旅行。

第三次旅游的时候,飞机再一次出现故障,这时候八戒说:"师傅你别问了,我跳。"然后纵身一跳,师傅双手合十,说:"阿弥陀佛,殊不知这次有四把伞。"

从绩效管理的角度,说说领导者应当注意什么问题。

(二)案例学习:小李的烦恼

小李是公司新任的市场部经理,个人业务能力很强,刚上任就根据公司的要求,制定好每个员工的销售指标,并通过口头或书面的方式通知他们,要求他们在规定的时间内完成,之后就不再过问员工的工作情况,只等到期末时再考核员工的业绩。从刚开始的几个月来看,市场部的销售业绩还比较稳定。然而,员工的工作满意度在不断下降,有一部分员工出现离职倾向。原因是他们觉得销售指标定得不合理,在工作中没有获得应有的关心和认可,遇到困难也得不到相应的帮助。小李却认为,管理者最主要的工作是分配任务和检查结果,对于中间过程则不应过多干预。

以上案例,反映了绩效管理中什么问题?你有何对策和建议?

二、实训任务:上机制作绩效管理流程图(见图4-1)。

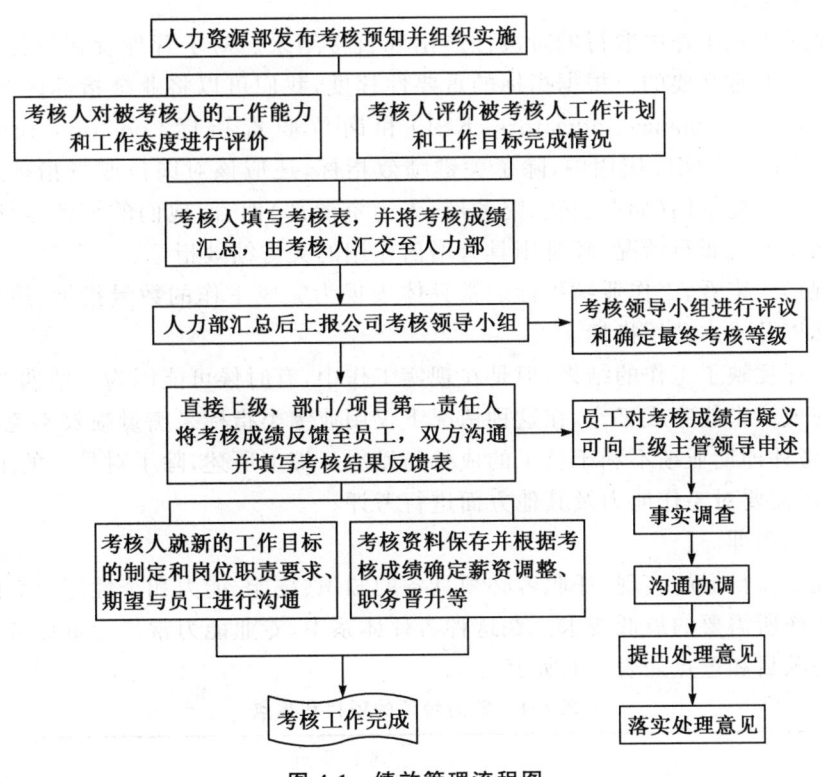

图 4-1 绩效管理流程图

任务二 绩效考评

如何客观、公正、科学地考评和评价员工,以及对员工进行赏罚,本身是一个很难解决的问题;几乎没有哪个企业可以说自己已经充分解决好了,无须为此劳神了。但是,考评的目的绝不仅仅局限于为奖惩提供依据,它更重要的用途是树立企业的价值观、为员工的职业发展指明方向。为什么考评?考评什么?怎么考评?何时考评?谁来考评?回答清楚这几个问题,相信你就基本学会了如何进行绩效考评。

一、绩效考评的内容

明确绩效考评的内容是绩效考评体系设计的前提,随着人们对绩效问题的不断深入研究,对绩效的认识也日益深刻。在管理实践中,绩效考评通常包括以下三个方面的内容:

(一)业绩考评

业绩是员工在工作中取得的阶段性产出和直接结果。对于管理者和员工个人而言,业绩考评都是非常必要的。根据指标的重要性程度,我们可以将业绩指标区分为关键绩效指标(key performance indicators,KPI)和岗位职责指标(position responsibility indicator,PRI)。在实际应用中,除了关键绩效指标,还应该对岗位职责指标进行考评。尤其对于一些职能部门(如办公室、财务部、人力资源部)而言,他们的绩效考核指标更多的来自于岗位职责履行情况,较难用具有增值作用的关键绩效指标。

从表现形式来看,工作业绩指标通常具体表现为完成工作的数量指标、质量指标、工作效率指标以及成本费用指标。

业绩考评反映了工作的结果,但是在现实工作中,有时候可能因为一些偶然的或不可控的因素完成或未能完成工作,在这种情况下仅用业绩类指标来衡量绩效不免有失公允。另外,仅仅考评即期业绩不利于员工的成长与发展。综上所述,除了对员工的工作业绩进行考核外,还需要对工作能力及其他方面进行考评。

(二)能力考评

为保证工作目标的实现,任职者必须具备的知识、技能、能力和个性等方面的要求,是完成岗位工作所需要的最低要求。在这种考评体系中,专业能力常作为重点考察的内容。能力考评的项目和重点如表 4-1 所示。

表 4-1 能力考评的项目和重点

项目	考评重点
专业能力	适合于某种专业活动所需要的专门能力和专业技能熟练程度
社会能力	团队合作、协调能力、组织能力、沟通交流能力、领导能力
方法能力	学习能力、理解能力、逻辑思维能力、分析能力、创造能力、判断能力、计划能力等

(三)态度考评

常见的工作态度指标主要体现在员工职业道德(敬业精神、奉献精神、职业道德等)、对工作的态度(积极性、主动性、工作热情、责任感等)、工作制度的遵守等方面。表 4-2 是某企业对中层管理干部工作态度评议指标及标准。

表 4-2 某企业中层管理干部工作态度评议指标及标准

指标	等级说明	评价
工作意识	A.热爱公司,专心为公司工作,处处维护公司形象 B.做事以公司为重,注意维护公司形象 C.不注意维护公司形象 D.严重损害公司形象	
责任心	A.能主动、全面、严格、高标准地完成本职工作,敢于承担责任; B.能及时解决或高标准完成本职工作; C.尚能完成本职,工作投入精力不够,完成本职需要催促 D.协助他人工作少,对工作有不满情绪	
务实精神	A.决策注重实际具体情况,为人正派,办事公正、客观 B.处理日常工作或市场变化等符合现实,有调查研究措施 C.工作决策偏离实际,听不进不同意见,主观武断 D.表里不一,阳奉阴违,弄虚作假	

二、绩效考评的方法

常见的考核方法有很多。在现实中,由于考核指标体系中包含了各类指标,对不同类型的考核指标,其考核方法也是不同的。下面我们将这些方法分别介绍。

(一)交替排序法

这是一种常见的排序考核法,常用于对定性指标进行简单相对排序的考核。操作方法是:分别挑选出"最好的"和"最差的",然后挑选出"第二好的"和"第二差的",依次进行,直到将所有的被考核人员排列完全为止,从而以优劣排序作为绩效考核的结果。

(二)配对比较法

这是一种更为细致的排序方法,主要用于人数较少的组织对定性指标进行简单相对排序的考核。操作方法是:对每一个考核要素都要进行人员间的两两比较和排序,这样使得每一个考核要素下,每一个人都和其他人进行了比较,所有被考核者在每一个要素下都获得充分的排序。

(三)关键事件及行为锚定法

主管人员将其下属员工在工作中表现出来的非常优秀的行为事件或非常糟糕的行为事件记录下来,并赋以分值,然后在考核时进行相应的加分或减分。这些关键事件的记录也可以作为与员工绩效面谈时提供具体参照。

(四)强制分布法

这种方法主要适用于整体考核,是在考核进行前就设定好绩效水平的分布比例,然后将员工的考核结果安排到分布结构中。一般而言,员工按优、良、中、合格、不合格分类的等级应大致符合正态分布。

(五)目标管理考评法

管理大师彼得·德鲁克最早提出了"目标管理"(MBO—manangement by object)的概念。德鲁克认为,目标管理是根据重成果的思想,先由企业提出在一定时期内期望达到的理想目标,然后由各部门和全体员工根据总目标确定各自的分目标并积极想方设法使之实现的一种管理方法。这一部分内容将在本学习情境的"任务三"详细介绍。

以上几种方法可以结合起来使用。

三、绩效考评的程序

绩效考评的方式主要有"自上而下"和"自下而上"两种。顾名思义,"自上而下"主要是先确定上级部门的绩效结果,然后再对员工的绩效进行评价;而"自下而上"的绩效考评则是先对员工绩效进行评价,然后汇总形成部门乃至整个企业的绩效结果。无论是哪种方式,都需要遵循绩效考评的基本步骤,具体如下:

(一)科学地确定考评的基础

1.确定工作要项。工作要项是指工作结果对组织有重大影响的活动或大量的重复性活动。一项工作往往由许多活动构成,但考评不可能针对每一个工作活动进行。一个岗位的工作要项,一般为4~8个,抓住工作要项,等于抓住了关键环节,也就能够有效地组织考评。

2.确定绩效标准。绩效应以完成工作所达到的可接受的条件为标准,不宜定得过高。由于绩效标准是考评评判的基础,因此,必须客观化、定量化,具体做法是将考评要项逐一分解,形成考评的评判标准。

(二)评价实施

具体做法就是将工作的实际情况与考评标准逐一对照,填写考评表、评判绩效的等级、撰写考评报告等。

(三)绩效面谈

面谈是绩效考评极为重要的环节,但常常被忽略。通过面谈,能使员工发扬成绩、纠正错误,以积极的态度对待过去,满怀信心地面对未来,努力工作。

(四)制订绩效改进计划

改进计划是绩效考评的最终落脚点。绩效改进计划应当切实可行、由易到难,要有明确的时间性,计划要具体,上下级要认同。

上级主管应经常对下属工作绩效的改进做出正确的指导,并在精神上、物质上给予必要的支持。

四、绩效考评的主体

(一)上级考评

管理人员(上级)是被考评者的上级主管,他对被考评者承担着直接的领导、管理与监督责任,对下属人员是否完成工作任务、达到预定的绩效目标等情况比较熟悉,而且在思想上比较没有更多的顾忌,能较客观地进行考评。所以,上级主管的考评占比重最大,其考评分数权重一般占60%~70%。

(二)同级考评

同事通常与被考评者共同处事、密切联系、相互协作、相互配合,被考评者的同事比上级能清楚地了解被考评者,对其潜质、工作能力、工作态度和工作业绩了如指掌。但他们在参与考评时,常受人际关系状况的影响。所以在绩效管理中,同级的考评占一定的份额,但不能过大,一般在10%左右。

(三)下级考评

下级考评是由下属来评价主管。通过下级评价,主管可以清楚地知道自己需要加强哪些方面的管理能力,知道自己目前与下属期望之间的落差,有助于对主管的潜能进行开发。

(四)自我考评

自我考评是指让员工根据自己在工作期间的绩效表现评价自己的能力和潜能,并据此设定未来的目标。这种方式有利于员工了解自己的优势,做好职业生涯规划,了解自己的不足,做好自我完善与开发。

(五)外人考评

这是指考评者所在部门或小组以外的人员如直接服务的客户,对被考评者做出的考评。外人虽能比较客观公正地参与绩效考评,但他们很可能不太了解被考评者及其能力、行为和实际工作的情况,使其考评结果的准确性和可靠性大打折扣。在实际考评中,采用外人考评的形式时,应当慎重考虑。

自 主 学 习 任 务

一、社会调研

步骤:

1.以学习小组为单位,选择本校某一岗位为对象,了解其岗位绩效考评的主要指标、考评时间,访谈岗位从业人员对绩效考评的态度及意见建议。(参考岗位:学生食堂各工种、学院办公室、图书馆、阅览室、实验室、环卫、清洁等岗位)

2.各组提交以下书面材料:访谈提纲、访谈记录、调研报告、制作PPT。

3.每组派一名代表到讲台上进行报告分享和交流。

4.教师考核及点评。

二、模拟绩效管理活动

步骤:

1.教师提供一揽子绩效考评原始文件资料(每位员工的自评表、复评表),交给学生整理和归类。

2.学生分组,完成员工绩效考评分数整理、排序。
3.评选出优秀员工。
4.一名学生扮演部门经理,其余人分别扮演绩效业绩不同的员工,经理与员工进行绩效面谈。

三、上机

1.制图。使用 excel 将图 4-2 转化为图 4-3。

月份	目标业绩	实际业绩
1月	￥30,000.00	￥35,000.00
2月	￥40,000.00	￥38,000.00
3月	￥35,000.00	￥42,000.00
4月	￥48,000.00	￥48,600.00
5月	￥50,000.00	￥56,000.00
6月	￥35,000.00	￥42,000.00

图 4-2　目标与实际业绩比较图

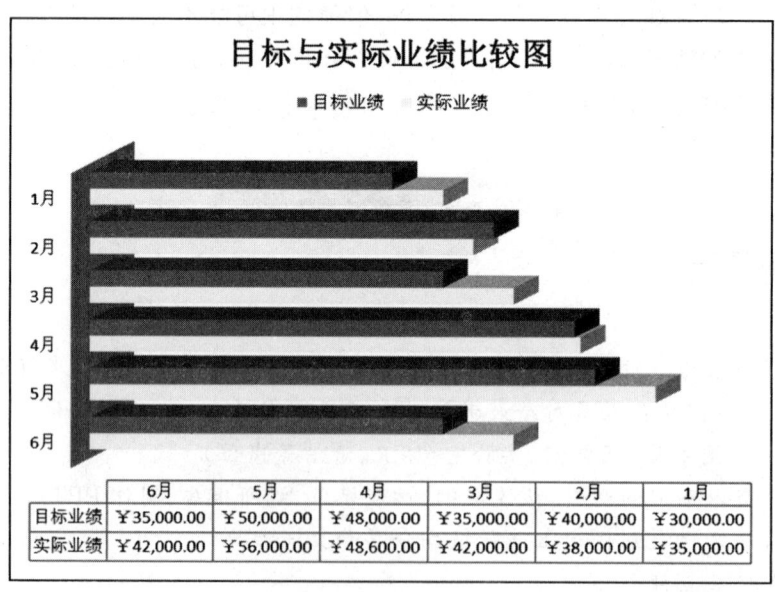

图 4-3　转化图

任务三　绩效管理的重要模式：目标管理

一、什么是目标管理

管理大师彼得·德鲁克最早在20世纪50年代提出了"目标管理"的概念。德鲁克认为，目标管理是根据重成果的思想，先由企业提出在一定时期内期望达到的理想目标，然后由各部门和全体员工根据总目标确定各自的分目标并积极使之实现的一种管理方法。

目标管理要求企业各级主管与员工一起参与工作目标的制定，以利于明确责、权、利。在目标的实施过程中，要充分信任员工，进行适度授权，让员工实行"自我控制"以激发其工作的主动性和激情，最大限度发挥员工的能动性，保证企业总目标的实现。因此，目标管理的实质，是以目标来激励员工的自我管理意识，激发员工的自觉性和主动性，充分发挥其智慧和创造力，以期最后形成员工与企业的利益共同体。

二、目标管理的程序

用目标进行管理和考核的过程如下：

（一）在最高层设置目标

最高主管人员明确组织未来一段时间的宗旨、使命和目标。

在设置目标的时候，主管人员也要建立衡量目标完成的标准，如果制定的是可以考核的目标，销售金额、利润、百分率、成本等这些衡量标准，一般都要整合到目标中去。

（二）明确组织的作用

在实现目标的过程中，所期待的成果和责任之间的关系往往被忽视，这一点应注意。例如，在设置一种新的产品投产的目标中，研究、销售和生产等部门的主管人员必须仔细地协调他们的工作。

（三）下属人员目标的设置

在有关的总目标、策略和计划工作前提传达给下属主管人员后，上级领导人就可以着手同他们一起来设置他们的目标了。

上级领导人的作用在这里极其重要。他们应该问的问题包括：你能做出什么贡献？我们怎样来改进你的工作同时也有助于改进我的工作？有什么障碍？是什么阻碍你取得更高水平的业绩？我们能做什么改变？我能怎么样帮助你？这样的提问，可以使大量阻碍业绩的问题得到解决，而且可以从下属人员的经验和知识中，吸收到许多建设性的意见。

（三）拟定目标的反复循环过程

从最高层开始确定目标而后将目标分配给他们的下属人员，可能是难以奏效的。拟定目标也不应该从基层开始，需要的是一定程序的反复循环的过程。目标的设置不仅是一个连续的过程，而且也是一个互相作用的过程。例如，一位销售主管人员可能切合实际地设置一个产品销售目标,这个目标可能会高于最高层主管人员所认为的可能目标。

目标管理虽然是现在最广泛的实际管理方法之一,但还存在一定问题。如要为某些部门的工作制定数量目标比较困难、对目标管理的原则阐明不够、过于强调短期目标等。

三、目标的 SMART 检测原则

目标管理的做法是上年年底或当年年初确定年度目标。建立有效的目标管理,需建立 SMART 的检测原则。SMART 的检测原则如下:

S—specific(具体性):每项目标的制定,一定是特定的,而不是一个笼统和概略性的。

M—measurable(可度量):每项目标的制定,一定是可测量的。有些是可以用数字来表示的,如多少营业额？多少百分比的市场占有率？多少利润？多少百分比的离职率？完成几次？有些是评定"有/无"的平量方法,如有没有客户抱怨？有没有开发成功第一批产品？是否上市？

A—achievable(可实现):所有的目标虽然是比能力范围再多一点,但一定要是能达得到的。在此,主管必须帮助员工监视目标的可行性,因此,达不到年目标,制定跟没制定一样。制定可行性不高的目标,员工第二年就觉得没意思,主管再推动,阻力反而会增加。

R—relevant(相关性):每项目标必须与其直接报告主管的目标相结合。

T—time bound(有时限):每项目标设定好,除了要能量化评估外,还要在限定的时间内完成。

课堂思考

现实的学习和生活中,你制定了什么目标？试用 SMART 法则检测下吧。

四、MBO 考核法的实施

MBO 考核法将考核与企业的战略规划及培训项目相联系,根据员工的工作目标来评价其业绩。使得绩效考核摆脱了人为因素,且可定量化,从而明显减少了评价中的主观性,不仅适用于一线部门,也适用于二线部门。总体上讲,我们可以把 MBO 考核法归结为以下三大步骤:寻找目标、明确目标的要求和检查目标的完成情况。

下面我们以"某耐用消费品生产企业营销与售后服务部门的考核"为例,大概了解一下 MBO 考核法的实施步骤。

步骤 1:寻找目标。

员工与主管一起建立一个员工目标列表。这个列表应是具体且有可操作性的,不应包括那些超出员工可控制范围的事件。

例如，企业的新战略是和大型工业公司进行长期接触。销售经理向销售人员解释此战略，结果形成了如下的目标：每星期有5个销售人员给大型工业公司打电话，每个月和至少1个大型工业公司建立新的长期接触，每个星期找到10个大型工业公司的客户线索。

这些新的目标会和其他的目标发生竞争，如每星期打电话给小工业公司的销售人员的数量会因此减少。必须通过协商建立一致的和现实的目标列表。也许有必要为监督者建立辅助目标，如开发工业公司的数据库，就如何与客户进行有关建立长期接触的谈判而开展培训。

步骤2：明确目标的要求。

一旦确定某项将被用于绩效考核，就必须将该目标用于衡量业绩。多数情况下，这仅意味着保证收集相关的数字，并建立相关的检查和平衡机制。如上例中，销售人员必须报告所打的推销电话的数目，根据有关的类别将数目分解，如对每个销售电话要求进行详细的注释，创建表格并归档。

对于非量化的目标应怎么办？比如其他的目标可能也是同样有效的，如采用协商式的推销方法。管理者应当考虑评价这些目标的方法，创建评价尺度，以把定性目标转化为硬性的数字。

步骤3：检查目标完成情况。

在给定时间的期末，将员工业绩与目标相比较，从而评价业绩，识别培训需要，评价组织战略成功性，或提出下一时期的目标。

将成绩与目标相比较并计算差异（百分比），评价表明实现目标（等于100%）、超出目标（大于100%）、未达目标（小于100%），将奖励与差异相连。这种绩效考核的方法，并不局限于年头岁尾，企业可结合自己的业务实际实施定期的绩效考核，使员工的注意力集中在组织新目标上，并改变员工行为。

下面我们再以人力资源部为例，具体了解下MBO绩效考核法各环节的操作步骤。

步骤1：寻找目标。

首先，了解员工状况。

公司的人力资源部门担负着公司员工招聘、考核、薪酬、培训等各项工作。在公司将人力资源摆在各种资源的首位的时候，人力资源部门的责任也显得越来越重大。虽然人力资源工作与技术工作、销售工作相比同等重要，但它的时效性却远远比不上技术和营销。人力资源部门除了对一些日常事务性工作和突发性工作有时间要求外，其余很多工作对时效性要求并不强。基于这样一个特点，容易造成人力资源部门本身的工作拖拉，没有工作效率。

其次，了解公司总目标。

在制定目标之前，人力资源部经理首先要了解公司的总体目标。在此基础上，还要与总经理探讨人力资源部门在实现公司目标应发挥的作用。经过讨论，人力资源部门经理就能制定出本部门的工作总目标。

再次，明确目标制定程序。

人力资源部经理要将本部门的总目标与下属进行讨论，来确定分目标的划分。经理和下属可以通过工作认领和分配的方式将分目标落实到具体的人。然后人力资源经理要和每一位下属通过讨论将目标具体化,具体化就是将工作目标用详细的数字目标和质量目标的方式表达出来,这样做是为了让下属明确其工作内容和职责,同时为将来的绩效考核提供准确的标准。

步骤2:明确目标的要求。

明确目标的要求关键在于让目标具有可考核性。使用目标管理的方式对人力资源部门进行管理,是为了将人力资源部门的工作目标化,从而提高整个部门的工作效率。如果我们制定的目标没有考核性,实际上就失去了制定目标的意义,就无法达到目标管理的效果。

在制定目标时,让员工参与进来,即由上级和下级一起来制定工作目标,这样有利于目标的实现。如在制定招聘目标时,人力资源部门经理可以和招聘负责人协商讨论招聘的目标,具体协商出招聘的人数、人员的能力等。即便工作目标没有完全实现,员工也不会将责任推到上级身上,而是反省自己在工作中的失误。

人力资源部门有自己的总目标,即以最低的成本为公司提供有效的人力资源保障。在这个总目标之下,可分解出若干分目标,如招聘目标、员工管理目标、考核管理目标、薪酬管理目标、培训目标等。

在制定这些目标时,我们应该尽量将目标制定为数量或质量目标,以加强考核性。如招聘专员的工作目标是在60天之内招聘到3名有工作经验的软件开发人员——这就是一个数量目标;另外,对于一些无法数量化的工作目标,我们最好使用质量目标的形式将它定义出来。

另外,目标是否切实可行也直接关系到目标的考核性。如果工作目标并不切实可行,对目标进行考核也就没有意义了。

步骤3:检查目标的完成情况。

如果下属完成全年的工作目标,或者超额完成了工作目标,绩效考核工作都比较好进行。但如果下属没有完成工作目标,对其绩效考核时就应慎重,人力资源部经理要注意区分是由客观原因造成的,还是工作能力不足造成。比如,招聘负责人没有完成全年应届本科生的招聘任务,通过调查发现今年本地区对应届本科生的人事政策有所变化,取消了往年不准出省的限制,使大量本省本科生外流,为招聘工作增加了难度。像这种客观原因造成的,就不应该将责任完全归结到招聘负责人身上。

五、目标实施中应注意的问题

(一)让员工进行自我控制

德鲁克认为,员工是愿意将工作做好的,愿意为自己的工作承担责任,也愿意为工作发挥出自己的创造力和聪明才智。管理对员工的控制不应该是控制员工的工作行为,而是控制员工的工作动机;用"自我控制的管理"代替"压制性的管理"更加有效。

人力资源经理与下属一起制定好工作之后,就不应该过多地干涉员工的工作行为。比如,对招聘负责任人来讲,招聘渠道应该由他选择,招聘的流程和时间安排也应该由他来负责。

(二)管理者应下放权力,但不能下放责任

管理者不敢下放权力的原因是担心对下属的工作失去控制。实际上,如果让下属明确工作目标,对下属充分信任,让下属进行自我控制,是完全可以向下属放权的。在授权的过程中,管理者应充分履行指导和教练的职责,如果管理者对下属工作目标能否实现有效地进行监控,对下属放权并不会失去控制。

(三)目标管理以人为本,重在绩效改进,不在惩罚

各级领导经常对下属员工的工作绩效改进做出正确的指导,并在精神上、物质上给予必要的支持。绩效改进计划应当切实可行、由易到难,要有明确的时间性,计划要具体,上下级要认同。

自 主 学 习 任 务

案例学习:厦门某职业学院的目标管理考评系统

厦门某职业技术学院是一所民办高职院校,创始于1983年,是经福建省人民政府批准、教育部备案,纳入全国高考统一招生计划,具有独立颁发国家学历文凭资格的全日制普通高等学校。2010年,学校组织机构进行了整合重组,组织结构图如图4-4所示。

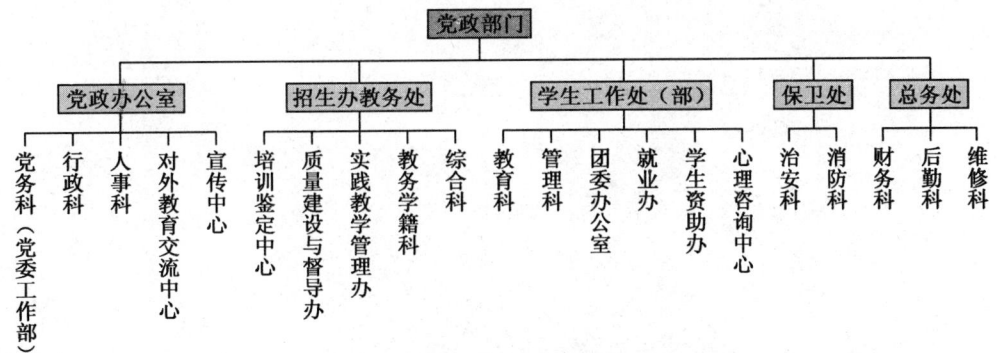

图 4-4 厦门某职业技术学院组织结构图(部分)

该校于2011年推行目标管理考评办法,经过4年的不断探索尝试,目标管理考评的实施已经相当成熟和规范,这也为该校规范管理、提高内涵建设做出了重要贡献。现在,学校在规范化治理方面已经卓有成效。

2011年年初,学校成立了目标管理考评领导小组和工作小组,深入各部门调研,制定了各职能部门和二级学院的考评指标要项和考评标准的细化,草案经各部门、各层员工讨论修改后定稿。然后,工作小组对各部门反复进行考评标准的解读和培训。第一年试行后,又对考评标准进行了完善。

每年10月份,是全校对全体教职工、各职能部门的上一年度工作开展目标管理考评的时期。一般先是职工个人自评、部门自评,然后开展复评。个人绩效复评由各部门考评小组做出,经过这一环节,评选出部门优秀员工(一般评优比例是20%)。各部门及各部门负责人的绩效由学校考评工作小组进行,工作小组成员中至少包括一名分管该部门的

校领导。工作小组听取各部门工作报告,并对自评表中数据有疑问的地方进行面询,然后公布复评成绩和复评结论。全部考评工作结束后,工作小组会将评选出的各类先进以及各部门绩效成绩进行公示,并受理有关的异议。最后,工作小组将考评报告反馈给各部门。

绩效考评与奖金、晋升、调岗、职务评聘等挂钩,激励效果十分明显。但在实践中,该制度的运行并不是一帆风顺的。运行过程中,出现了诸多障碍和反对意见,教职工抱怨和"牢骚"增多。比如:由于全面细致的考评带来工作量的增加、心理负担的加重,部分教职工不理解考评意图,认为"多此一举""自找麻烦"。另外,对考评结果不满意,考评结果公示后,对考评结果议论纷纷,个别人有情绪、有意见,认为"领导和自己过不去",或者"评优的总是那么几个人",一定程度上影响了工作的积极性和团队士气,甚至导致部门内人际关系紧张;还有,教师和考评人员对考评指标不满意。部分教师认为部分目标和指标太高,无法企及;基层考评人员认为部分指标过于主观和抽象,很难赋分。

思考:在实践中,目标管理考评制度的运行并不是一帆风顺的。请对案例中出现的问题进行分析,并提出解决和改进方案。

学习情境五　薪酬管理

学习目标

知识目标：通过本情境的学习，使学生掌握薪酬和薪酬管理的含义、薪酬的特点、薪酬的类型；薪酬管理的原则等。

能力目标：能进行薪酬调研；能核算薪酬；建立和管理薪酬台账、福利台账；能将工资表转化为工资条。

导入情境

案例一　S公司的薪酬管理难题

S公司是国有企业L集团下属的一个分公司，主要从事中央空调和机房空调产品的研发和生产。S公司是由L集团原来的A子公司与B子公司组建而成，组建时员工主要来自A公司和B公司，同时为了发展的需要，公司还从人才市场招聘了一部分员工。

公司运营后，来自A公司的员工小章的工资依然按照A公司原来的薪酬标准发放，来自B公司的员工小王的工资也仍然按照B公司原来的薪酬标准发放，而从外部人才市场招聘来的员工小李则按市场标准发放工资。S公司的薪酬均以月固定工资的形式发放，实行薪酬保密制度。员工小章、小王、小李担任相同的工作任务，然而员工小章的工资却远高于小王，而小王又略高于小李。

由于S公司生产的产品属于国内领先水平，L集团对其非常重视。在S公司成立之初，S公司经理（兼任L集团副总裁）就曾向员工许诺，公司赢利后将逐步提高员工的薪酬待遇。因此，S公司员工的工作积极性高涨，在较短的时间内完成了多个研发项目，并顺利通过评审。产品投放市场后，S公司逐渐开始赢利，而薪酬制度却仍然没有变动，S公司的总经理只是在年末以非公开的形式发放了年终奖。

此后，公司内部关于薪酬收入的小道消息满天飞，员工小章、小王、小李通过一些非正式的渠道也都彼此知道了各自的工资和年终奖的数额。在S公司开始赢利后的第一年，公司员工针对薪酬待遇的抱怨之声四起，积极性开始下降，有人跳槽，迟到早退现象也经常发生，生产率随之大幅下跌。与此同时，竞争对手向市场推出了同类型的竞争性产品，极大威胁到S公司的市场地位。

思考题：S公司的薪酬制度存在什么问题？S公司需要怎样改善薪酬管理，以提高自己的竞争力？

案例二　美国通用电气公司的薪酬制度

美国通用电气公司(GE)的薪酬制度使员工们工作得更快、也更出色。其秘诀是：只奖励那些完成了高难度工作指标的员工。

通用电气公司深谙此道：人们一般不愿意改变自己的行为模式，除非你奖赏他们这样去做。对做出了成绩的人，公司一般采取发奖金或者授予股权的方法，以示表彰。干得好就可以拿奖金！然而，奖励的真正目的应该是鼓励他们在以后更加努力地工作。通用薪酬制度的一个关键原则是，要把薪酬中的一大部分与工作表现直接挂钩。公司要按实际绩效付酬。为此，通用电气公司在薪酬管理方面遵循以下准则：

准则一：不要把报酬和权力绑在一起。他们认为如果把报酬与职位挂钩，就会建立一支愤愤不平的队伍，专家们把这些人称作"Popos"，意思是"被忽略和被激怒的人（passed over and pissed off）"。而与工作表现挂钩的薪酬制度可以给员工更多的机会，在不晋升的情况下提高工资级别。通用电气还大幅度地增加了可以获得认股权的员工名额，并在尝试实施一项奖励管理人员的计划，鼓励他们更多地了解情况，而不是根据他们管理多少员工或者工作时间而发放奖金。

准则二：让员工们更清楚地理解薪酬制度。公司给员工讲的如果是深奥费解或者模棱两可的语言，员工根本弄不清楚他们的福利待遇的真正价值。公司应当简明易懂地解释各种额外收入。

准则三：大张旗鼓地宣传。通用电气公司认为当你为一位应当受到奖励的人颁奖时，尽可能广泛地传播这个消息。

准则四：不能想给什么就给什么。不妨也试一试不用金钱的激励方法。金钱，只要用得适当，是最好的激励手段，而不用金钱的奖励方法则有着一些有效的优点：可以留有回旋余地（见准则五）。撤销把某一员工的基本工资提高6%的决定，要比收回给他的授权或者不再给他参与理想的大项目的机会困难得多。采取非金钱的奖励方法，就没有这样的限制。

准则五：不要凡事都予以奖赏。更多地实行绩效挂钩付酬制度，但当跨国经营时，可根据文化背景的差异来调整这些原则。

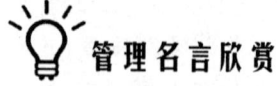

好的经理人员不仅应当让员工赚到钱，还要让他们感到工作的乐趣和意义。

——托马斯·彼得斯

任务一　初步了解薪酬管理

有效的薪酬管理机制能够吸引优秀人才的加入，激发员工的工作积极性，合理控制成本，提升企业绩效；相反，不合时宜的薪酬管理机制会削减企业生机，挫伤员工积极性，导

致企业业绩大幅下滑。

因此,企业人力资源部必须充分重视薪酬管理在企业中的作用,建立规范、有效、可行的薪酬机制。

一、薪酬管理典型工作任务(见表5-1)

表5-1 薪酬管理典型工作任务

工作任务	具体描述
1.建立薪酬福利体系	(1)依据企业发展规划及当地同业薪酬水平,协助人力资源部经理制定适合企业发展水平的薪酬福利体系,同时经批准后组织实施 (2)与绩效管理工作人员配合,使企业薪酬方案更具有竞争力和公平性
2.薪酬调查	(1)通过各种渠道了解当地整体薪酬水平和同类型企业的薪酬水平,为企业制定公平、合理的薪酬福利政策与工资标准提供依据 (2)调查、了解企业内部员工对目标薪酬状况的满意程度 (3)建立薪酬调查数据库,统计、分析薪酬数据,进行企业人力成本的核算与预测,定期提供分析报告
3.薪酬日常管理	(1)每月末根据企业薪酬方案和员工考勤表编制工资表,并报送财务部,确保员工工资按时发放 (2)核发员工奖金
4.劳动保障与福利管理	(1)根据国家及地方有关政策,协助建立企业劳动保障体系 (2)根据相关规定为员工办理福利保险、基数核定、保险费缴纳等 (3)协助有关部门和领导处理,解决企业劳动纠纷、薪酬争议等相关问题

二、薪酬管理基本概念

(一)薪酬

薪酬有广义和狭义两种不同的理解。狭义的薪酬指货币和可以转化为货币的报酬,是企业由于使用员工的劳动而支付给员工的各类报酬,具体表现为货币形式或实物形式的报酬。

广义的薪酬除了包括狭义的薪酬以外,还包括获得的各种非货币形式的满足。可分为外部回报和内部回报。

外部回报是指员工因为雇佣关系从自身以外所得到的各种形式的回报,也称外部薪酬。外部薪酬包括直接薪酬和间接薪酬。直接薪酬是员工薪酬的主体组成部分,它包括员工的基本薪酬,即基本工资,如周薪、月薪、年薪等;也包括员工的激励薪酬,如绩效工资、红利和利润分成等。间接薪酬即福利,包括公司向员工提供的各种保险、非工作日工资、额外的津贴和其他服务,比如单身公寓、免费工作餐等。

内部回报指员工自身心理上感受到的回报,主要体现为一些社会和心理方面的回报。一般包括参与企业决策,获得更大的工作空间或权限,更大的责任,更有趣的工作,个人成长的机会和活动的多样化等。内部回报往往看不见摸不着,不是简单的物质付出,对于企业来说,如果运用得当,也能对于员工产生较大的激励作用。

(二)工资

工资即员工的薪资,是固定工作关系里的员工所得的薪酬,是雇主或者法定用人单位依据法律规定或行业规定,或根据与员工之间的约定,以货币形式对员工的劳动所支付的报酬,是劳务报酬(劳酬)中的一种主要形式。

根据 2015 年国家统计局《关于工资总额组成的规定》,工资总额的计算原则应以直接支付给职工的全部劳动报酬为根据。各单位支付给职工的劳动报酬以及其他根据有关规定支付的工资,不论是计入成本的还是不计入成本的,不论是按国家规定列入计征奖金税项目的还是未列入计征奖金税项目的,不论是以货币形式支付的还是以实物形式支付的,均应列入工资总额的计算范围。工资总额由下列六个部分组成:计时工资、计件工资、奖金、津贴和补贴、加班加点工资和特殊情况下支付的工资。

1.计时工资

计时工资是指按计时工资标准(包括地区生活费补贴)和工作时间支付给个人的劳动报酬。包括:对已做工作按计时工资标准支付的工资;实行结构工资制的单位支付给职工的基础工资和职务(岗位)工资;新参加工作职工的见习工资(学徒的生活费);运动员体育津贴。

2.计件工资

计件工资是指对已做工作按计件单价支付的劳动报酬。包括:实行超额累进计件、直接无限计件、限额计件、超定额计件等工资制,按劳动部门或主管部门批准的定额和计件单价支付给个人的工资;按工会任务包干方法支付给个人的工资;按营业额提成或利润提成办法支付给个人的工资。

3.奖金

奖金是指支付给职工的超额劳动报酬和增收节支的劳动报酬。包括:生产奖,节约奖,劳动竞赛奖,机关、事业单位的奖励工资,其他奖金。

4.津贴和补贴

津贴是指为了补偿职工特殊或额外的劳动消耗和因其他特殊原因支付给职工的补充工资形式。津贴包括以下几种形式:

(1)保健性津贴。具体有:高空津贴、井下津贴、流动施工津贴、野外工作津贴、林区津贴、高温作业临时补贴、海岛津贴、艰苦气象台(站)津贴、微波站津贴、高原地区临时补贴、冷库低温津贴等。

(2)保健性津贴。具体有:卫生防疫津贴、医疗卫生津贴、科技保健津贴、各种社会福利院职工特殊保健津贴等。

(3)技术性津贴。具体有:特级教师补贴、科研津贴、工人技师津贴、中药老药工技术津贴、特殊教育津贴等。

(4)年功性津贴。具体有:工龄津贴、教龄津贴和护士工龄津贴等。

(5)其他津贴。具体有:直接支付给个人的伙食津贴(火车司机和乘务员的乘务津贴、航行和空勤人员伙食津贴、水产捕捞人员伙食津贴、专业车队汽车司机行车津贴、体育运动员和教练员伙食补助费、少数民族伙食津贴、小伙食单位补贴等)、合同制职工的工资性补贴以及书报费等。

(6)补贴。包括：为保证职工工资水平不受物价上涨或变动影响而支付的各种补贴，如肉类等价格补贴、副食品价格补贴、粮价补贴、煤价补贴、房贴、水电贴等。

5.加班加点工资

加班加点工资是指按规定支付的加班工资和加点工资。它是对劳动者在标准上班时间外的工作支付劳动报酬的一种工资形式。实行标准工时制的，加班是指休息日和法定节假日上班时间，加点是指每天超过8小时之外的上班时间。

6.特殊情况下支付的工资

包括：根据国家法律、法规和政策规定，因病、工伤、产假、计划生育假、婚丧假、事假、探亲假、定期休假、停工学习、执行国家或社会义务等原因按计时工资标准或计时工资标准的一定比例支付的工资；附加工资、保留工资。

工资总额不包括的项目的范围有以下两方面：一是有关劳动保险和职工福利方面的费用。具体有：职工死亡丧葬费及抚恤费、医疗卫生费或公费医疗费用、职工生活困难补助费、集体福利事业补贴、工会文教费、集体福利费、探亲路费、冬季取暖补贴、上下班交通补贴以及洗理费等。二是有劳动保护的各种支出。具体有：工作手套等劳保用品，解毒剂、清凉饮料，以及按照1963年7月19日劳动部等七单位规定的范围对接触有毒物质、矽尘作业、放射线作业和潜水、沉箱作业、高温作业等五类工种所享受的由劳动保护费开支的保健食品待遇。

三、制订薪酬方案的原则

在企业的人力资源规划中，能否吸引和留住高素质、高质量的人才，薪酬方案设计成功与否是关键。企业在进行薪酬方案设计时，需考虑制定的公平性、合理性、激励性等问题。

目前企业普遍认为进行有效的薪酬管理应遵循以下原则：

1.竞争性原则。根据市场薪酬水平的调查，对于与市场水平差距较大的岗位薪酬水平应有一定幅度调整，使公司薪酬水平有一定的市场竞争性。

2.激励性原则。打破工资刚性，增强工资弹性，通过绩效考核使员工的收入与公司业绩和个人业绩紧密结合，激发员工积极性。

3.公平性原则。薪酬管理设计重在建立合理的价值评价机制，在统一的规则下，通过对员工的绩效考评决定员工的最终收入。

4.经济性原则。人力成本的增长与企业总利润的增长幅度相对应，用适当工资成本的增加引发员工创造更多的经济价值，实现可持续发展。

自 主 学 习 任 务

一、管理寓言故事

（一）驴子与骡子的故事

有一位农民，养了一头驴子和一头骡子。平时，他们都干一样的活，驴子拉磨，骡子也拉磨。由于磨坊比较狭窄，骡子的力气也施展不出来，他们磨出的面粉也差不多。但是吃起饲料来,骡子吃的却比驴子要多很多。驴子觉得很不服气。

一天,农民带着驴子和骡子去市场上卖面粉。天不亮出发,他们先越过两座大山,又趟过一条大河,刚开始,驴子觉得还很轻松,但随着路途不断地加长,驴子觉得自己背上的面粉越来越重了。面对眼前又一座大山的时候,驴子终于累倒了,再也爬不起来了。看着驴子的可怜样儿,骡子二话没说,从驴子背上取下面粉放在自己的背上,对驴说:"现在你应该明白为什么我吃的比你多了吧!"

(二) 猎人与狗的故事

有一天,猎人带着一只猎狗到森林中打猎,猎狗将一只兔子赶出了窝,追了很久也没有追到。后来兔子一拐弯,不知道跑到哪去了。牧羊犬见了,讥笑猎狗说:"你真没用,竟跑不过一只小小的兔子。"猎狗解释说:"你有所不知,不是我无能,只因为我们两个跑的目标完全不同,我仅仅是为了一顿饭而跑,而它却是为了性命啊。"

这话传到了猎人的耳朵里,猎人想,猎狗说得对呀,我要想得到更多的兔子,就得想个办法,消灭"大锅饭",让猎狗也为自己的生存而奔跑。猎人思前想后,决定对猎狗实行论功行赏。

于是猎人召开猎狗大会,宣布:在打猎中每抓到一只兔子,就可以得到一根骨头的奖励,抓不到兔子的就没有。

这一招果然有用,猎狗们抓兔子的积极性大大提高了,每天捉到兔子的数量大大增加,因为谁也不愿看见别人吃骨头,自己却干看。

可是,一段时间过后,一个新的问题出现了:猎人发现猎狗们虽然每天都能捉到很多兔子,但兔子的个头却越来越小。

猎人疑惑不解,于是,他便去问猎狗:"最近你们抓的兔子怎么越来越小了?"

猎狗们说:"大的兔子跑得快,小的兔子跑得慢,所以小兔子比大兔子好抓得多了。反正,按你的规定,大的小的奖励都一样,我们又何必要费那么大的力气,去抓大兔子呢?"

猎人终于明白了,原来是奖励的办法不科学啊!于是,他宣布,从此以后,奖励骨头的多少不再与捉到兔子的只数挂钩,而是与捉到兔子的重量挂钩。

此招一出,猎狗们的积极性再一次高涨,捉到兔子的数量和重量,都远远超过了以往,猎人很开心。

遗憾的是,好景不长。一段时间过后,新的问题又出现了:猎人发现,猎狗们捉兔子的积极性在逐渐下降,而且越是有经验的猎狗下降得越厉害。

又是咋回事呢?于是猎人又去问猎狗。

猎狗们对猎人说:"主人啊,我们把最宝贵的青春都奉献给您了,等我们以后老了,捉不动兔子了,你还会给我们骨头吃吗?"

猎人一听,明白了,原来猎狗们需要养老保险,于是,他进一步完善激励机制。规定:每只猎狗每月捉到的兔子达到一个规定的量以后,多余部分可以转化为骨头的贮存,将来老了,捉不到兔子了,就可以享用这些贮存。

这个决定宣布之后,猎狗们群情激昂,抓兔子的积极性空前高涨。猎人也无比欣慰,觉得从此可以万事无忧了。

就这样,过了一段时间之后,一件意想不到的事情发生了:一些优秀的猎狗开始离开猎人,自己捉兔子去了。

面对这一情况,一开始,猎人以为是思想政治工作没做好。便连续举办了一系列"狗力资源与风险高层猎狗研修班",培训主题为:缺乏统一指挥所造成的狗力资源浪费,强调猎人的规划对猎狗捕猎的重要性,并有意夸大了其负面影响。这一招对稳定猎狗队伍起到了一定的积极作用,但优秀猎狗流失的状况并未得到有效控制。

猎人有些着急了。他想,难道是奖励的力度不够?于是,他将优秀猎狗的奖励标准提高了一倍。这一招收到了比较明显的效果,优秀猎狗流失的问题得到了暂时缓解,但却无法从根本上得到遏制,一段时间之后,离开猎人,自己去捉兔子的猎狗,又开始逐渐多了起来,而且基本上都是最优秀的。

聪明的猎人这下可犯愁了,他百思不得其解。万般无奈之下,他决定直接去向离开的猎狗们咨询。他用10根骨头的代价把5只猎狗请到一起,他十分动情地对它们说:"猎狗兄弟们,我实在不知道我做了什么对不起你们的事,你们为什么一定要离开我呢?"猎狗们对猎人说:"主人啊,你是天下最好的主人,我们有任何愿望,你都尽力给予满足,没有任何对不起我们的地方。我们离开你,自己去捉兔子,也不仅仅是为了多得几根骨头,更重要的是我们有一个梦想,我们希望有一天我们也能像您一样,成为老板。"猎人听后,恍然大悟,原来他们是想实现自我价值!

怎么解决这一问题呢?

聪明的猎人经过较长一段时间的潜心研究,终于找到了解决方案。于是,他成立了一个猎狗股份有限公司,出台了三条新政策:第一条,实行优者有股。优秀的猎狗可以将贮存的骨头转化为公司的股份,并根据贡献率每年奖励一定数量的股份期权,使优秀的猎狗有机会在公司发财;第二条,实行贤者终身。连续三年或累计5年被评为优秀猎狗者,可成为终身猎狗,享受一系列诱人的优厚待遇;第三条,实行强者孵化。优秀的猎狗可以随着业绩增长,逐步成为团队经理、业务总监、总经理、董事长,实现做老板的梦想。

从以上两则故事中,你获得什么启发?从薪酬管理的角度进行阐述。

二、案例学习

案例一 小李为什么跳槽?

位于北京中关村的JL公司是一家IT公司。公司的主要产品是教育软件。小张和小李是JL公司的技术骨干。两个人以前是大学同学,后来又一起进入JL公司工作,技术水准相当,在生活中也是好朋友。

小张和小李分别负责不同的产品研发,小张负责A产品、小李负责B产品。经过一年的艰苦努力,A、B两个产品同时完成推向市场。但市场表现却完全不同,A产品很快被市场所接受,为公司带来了很大的效益,而B产品却表现平平。

由于A产品在市场上出色的表现,年底公司决定为小张增加工资。而小李负责的产品表现不好,没有增加工资。公司的决定迅速在员工中流传,很快传到了小李的耳朵里。小李找到公司领导谈话。小李认为自己受到了不公正的评价,因为B产品表现不好,并不是因为产品本身的因素,而是B产品被市场接受需要一段的时间,公司为小张增加工资,小李觉得自己的辛勤工作没有得到公司的认可。而公司领导认为市场会评价一切工作,没有接受小李的意见。

没有多长时间,小李离开了公司加入了竞争对手DD公司,依然负责与B产品类似的产品。半年后,市场开始接受该产品。DD公司在该产品上取得了良好的收益。

案例二　胡雪岩以财揽才

办什么事情都要靠人,因此人才就是企业的生命线。胡雪岩深明此理,他收揽人才的方法更令人称道。他用厚利来买人才,却并不买人,而是买心,以诚相待、信则不疑,不但调动了手下人的积极性,而且使得许多人对他感恩戴德,追随一生。

胡雪岩在筹办阜康钱庄之初,急需一个得力的"档手"。经过考察,他决定让原大源钱庄的一般伙计刘庆生来担当此任。钱庄还没有开业,周转资金都没有到位,胡雪岩就决定给刘庆生一年200两银子的薪水,还不包括年终的"花红"。

靠厚利,胡雪岩一下子就动了刘庆生的心。当他将200两银子的预付薪水拿出来的时候,刘庆生激动地对胡雪岩说:"胡先生,你这样子待人,说实话,我听都没有听说过。铜钱银子用得完,大家是一颗心;胡先生你吩咐好了,怎么说怎么好!"从一开始就让刘庆生心悦诚服了。

与此同时,胡雪岩还替他考虑到家里的事情,让他把留在家乡的父母妻儿接来杭州,上可尽孝,下可尽责,解决了后顾之忧,以便倾尽全力照顾钱庄生意。

一次的慷慨,便得到了一个确实有能力,也的确是忠心耿耿的帮手,阜康钱庄的具体营运,他几乎可以完全放手不管了。

胡雪岩对有功者,特设"功劳股",这是从盈利中抽出的一份特别红利,专门奖给对胡庆余堂有贡献的人。功劳股是永久性的,一直可以拿到本人去世为止。有位叫孙永康的年轻药工就曾获得此项奖励。有一次,胡庆余堂对面一排商店失火,火势迅速蔓延,眼看无情的火焰扑向胡庆余堂门前的两块金字招牌,孙永康毫不犹豫地用一桶冷水将全身淋湿,迅速冲进火场,抢出招牌,头发、眉毛都让火烧掉了。胡雪岩闻讯,立即当众宣布了给孙永康一份"功劳股"。

同时,胡雪岩还设立了"阳俸"和"阴俸"。所谓阳俸,就像现在的退休金,发给老弱多病无法继续工作的人。而阴俸如同现在的遗属生活补助费,是职工死后,按照工龄长短发给其家属的生活费。当然,不是人人都可以得到阳俸和阴俸,需以对胡庆堂有过贡献为前提,含有论功行赏的意义。虽然,阳俸、阴俸成了胡庆余堂一笔不小的开支,但收到了解除员工后顾之忧、促使人们争强好胜的客观效果,由此激发的生产积极性和创造力所转化的经济效益远远超过了所支出金额。

任务二 薪酬调查

一、薪酬调查的含义和目的

(一)含义

薪酬调查是运用一定的调查方法、技术,对其他相关企业的薪酬水平、结构与支付方式等情况进行调查。大多数企业在制定自己的薪酬水平决策、确保薪酬的外部竞争性时,都是以市场薪酬调查为依据的。这是出于行业竞争的需要,企业要想全方位地了解行业相关薪酬状态,四处探寻得到的支离破碎的信息是不能满足企业薪酬体系建立的要求的,同时也不规范,甚至会有误导的可能。所以,积极进行薪酬调查活动,对企业是件具有积极意义的事情。

(二)目的

1.调整薪酬水平;
2.调整薪酬结构;
3.估计竞争对手的劳动力成本;
4.了解其他企业薪酬管理实践的最新发展和变化趋势;
5.帮助制定新参加工作人员的起点薪酬标准;
6.帮助查找企业内部工资不合理的岗位。

二、薪酬调查的内容和类型

(一)内容

薪酬调查的内容包括行业性质、企业规模、员工状况、人员流动、组织结构、经营状况、岗位设置、劳动时间、薪酬政策、薪酬水平、保险福利以及薪酬增长等。

(二)类型

按照调查方式的不同,可分为正式调查与非正式调查两类。按照调查主体的不同,正式调查又可以分为以下几种:

1.商业性薪酬调查。一般是由咨询公司完成的,其中有的是应客户要求对某一行业进行调查,有的是咨询公司为获利而主动进行的调查。这种途径得来的信息一般可信度较高,但一定要注意选择令人信任的专业机构来做,以免得到的是过时的数据。

2.专业性薪酬调查。它是由专业协会针对薪酬状况所进行的调查。例如,美国管理学会(AMA)的一项业务就是调查并提供各行业新政人员、管理人员以及专业人员的薪酬状况。

3.政府薪酬调查。由国家劳动、人事、统计等部门进行的薪酬调查,其特点是权威性。

4.企业自身调查。企业组织内部专门人员进行的薪酬调查。可以通过竞争对手发布的招聘信息了解,也可以组织专门调查人员到同行企业进行调查,可信度较高。但这种调查方式往往容易引起竞争对手的警惕和不合作。

有关调查资料显示,一些企业为了实现信息资源共享,还以非正式组织的形式构建同行业人力资源管理联盟,凭借自身的信用和承诺定期交换有关的人力资源统计信息,从而实现了信息互通和共享。

三、薪酬调查的流程

(一)确定调查目的

在进行薪酬调查时,首先应当明确调查的目的和调查结果的用途。一般而言,调查的结果可以为以下工作提供参考依据:整体薪酬水平的调整、薪酬差距的调整、薪酬晋升政策的调整、具体岗位薪酬水平的调整等。

(二)确定调查范围

1.确定调查的企业。在选择薪酬调查的对象时,一定要坚持可比性的原则。一般来说,调查对象一般为同行业中同类型的其他企业,或其他行业中工作性质相近相似工作岗位的企业;或与本企业雇用同一类劳动力,构成人力资源竞争关系的企业;或经营策略、信誉、报酬水平和工作环境均合乎一般标准的企业;或者结合企业的实际,选取在本行业中比较有代表性的企业。

2.确定调查的岗位。同样应遵循可比性原则。对所有的岗位都展开调查几乎是不可能的事情,调查者只能针对典型性、代表性的岗位进行调查,然后再将调查数据推广应用到其他的非典型岗位上。由于目前我国企业各类工作岗位的名称极不规范和统一,即使岗位的名称相同,在不同的企业也有可能存在很大的差异,所以在组织薪酬调查时,首先要对被调查岗位的各种信息做出必要的筛选和确认。

3.确定需要调查的薪酬信息。在通常情况下,薪酬调查应当涉及以下信息:(1)与员工基本工资相关的信息;(2)与支付年度和其他奖金相关的信息;(3)股票期权或影子股票计划等长期激励计划;(4)与企业各种福利计划相关的信息;(5)与薪酬政策诸方面有关的信息。

(三)选择调查方式

常用的调查方式有:

1.委托中介机构进行调查。鉴于企业自行进行的调查往往容易引起其他企业尤其是竞争对手的警觉和不合作,中立的第三方调查则比较容易说服目标企业合作和参与,当然,这要求目标企业对第三方的专业性和保密性有基本的信任。这种方式可以在快(时间短)、准(质量高)、全(数据全)三个方面满足客户企业的要求。

2.采集社会公开的信息。指采集各级政府部门公布的数据资料,有关的行业协会、专业学会或学术团体提供的薪酬调查数据,以及见诸报纸、杂志、互联网等各类媒体上公开发表的统计数据,作为衡量企业员工薪酬水平和确定薪酬制度的重要依据和参考。

3.调查问卷。对企业来说,前三种方式是比较简便易行的调查方法,他们对少数规范性岗位的薪酬调查是切实可行的,但是,对于大量的、复杂的岗位就不大适合。

在设计薪酬调查问卷时,应注意以下事项:

(1)要包含实现目标所需要的所有信息,保证表格满足它的使用目的。

(2)简明、扼要。语言标准,问题简单明确;不要过长过繁,剔除不必要的调查项目。

(3)请同事试填表格样本,倾听反馈意见,了解表格设计是否合理。

(4)相关问题放在一起。

(5)尽量采用选择判断式提问,尽可能减少表中的文字书写量。

(6)可以采用电子问卷,以便于统计分析软件处理。

(四)薪酬调查数据的统计分析

为了提高统计分析的信度和效度,薪酬调查所提供的数据一定要全面、真实。在对调查数据进行整理汇总、统计分析时,可根据实际情况选取以下方法:

1. 分位数法

这种方法先将调查的同一类数据由高至低排列,再计算出数据排列中的中间数据,即25%点处、中点50%点处、75%点处。工资水平高的企业应注意75%点处工资水平;工资水平低的企业应注意25%点处工资水平;一般的企业应注意中间点工资水平。表5-2是调查的会计岗的数据。

表5-2 会计岗工资调查数据

企业名称	平均月工资	排列
A	2500	1
B	2200	2
C	2200	3
D	1900	4
E	1700	5
F	1650	6
G	1650	7
H	1650	8
I	1600	9
J	1600	10
K	1550	11

2. 频率分析法

这种方法通过记录在各工资额度内各类企业岗位平均工资水平出现的频率,从而了解某类岗位工作人员工资的一般水平。如表5-3所示。

表5-3 会计岗的工资频数分析

工资额度	出现频数
2400～2600	1
2200～2399	2
2000～2199	3
1800～1999	4
1600～1799	3
1400～1599	1

其他定量分析方法如简单平均法、加权平均法、中位数法、离散分析法和回归分析法等不再一一赘述。

(五)提交薪酬调查分析报告

薪酬调查分析报告应该包括薪酬调查的组织实施情况、薪酬数据分析、政策分析、趋势分析、企业薪酬状况与市场状况对比分析以及对薪酬水平和制度的调整建议。

一、薪酬调查问卷设计

了解不同地区不同行业类型不同企业的招聘专员岗位从业人员的薪酬状况。在班级内交流,PK 看看哪组的问卷设计的最好。

二、访问一个你所熟悉的人,了解其从事的行业及岗位、工龄及薪酬信息。

要求:设计调查问卷或采访提纲;撰写薪酬调研报告。

任务三　薪酬核算

一、不同工资形式的具体计算方法

(一)计时工资的计算

计时工资=工资标准×实际工作时间

1.月均标准工作天数:20.83 天,月计薪天数:21.75。

课堂思考

这两个数值怎么得来的?

提示:一年有多少天?多少个月?多少个法定节假日?多少个双休日?法定节假日为带薪休假。

2.日标准工资＝月标准工资÷21.75。

3.小时标准工资＝日标准工资÷8。

(二)计件工资的计算

1.第一种方式:无论完成多少任务,单价不变

计件工资＝合格产品数量×计件单价

2.第二种方式:完成不同的任务量,其任务的单价也不同

二、加班工资的计算

根据劳动法,用人单位在劳动者完成劳动定额或规定的工作任务后,根据需要安排劳动者在法定标准工作日以外工作的,应按照以下标准支付工资:

1.用人单位依法安排劳动者在制度工作日时间以外延长工作时间的,按照不低于劳动合同的劳动者本人日或小时工资标准的150％支付劳动者工资;

2.用人单位依法安排劳动者在休息日工作,而又不能安排补休的,按照不低于劳动合同的劳动者本人日或小时工资标准的200％支付劳动者工资;

3.用人单位依法安排劳动者在法定节假日工作的,按照不低于劳动合同的劳动者本人日或小时工资标准的200％支付劳动者工资。

三、个人所得税的计算

个人所得税是对个人(自然人)取得的各项所得征收的一种所得税。个人所得税的纳税义务人既包括居民纳税义务人,也包括非居民纳税义务人;征税内容包括工资、薪金所得、个体商户的生产、经验所得、对企业单位的承保经营、承租经营所得、劳动报酬所得、稿酬所得、特许权使用费所得、利息、股息、红利所得、财产租赁所得、财产转让所得、偶然所得和其他所得等。

(一)计算公式

个人所得税税额＝应纳税所得额×适用税额－速算扣除数。

(二)具体解释

计算个人所得税时,将涉及应纳税个人所得税税额、应纳税所得额、适用税率和速算扣除数等术语,其含义如下:

应纳个人所得税税额:应该缴纳的个人所得税税额。

应纳税所得额:应该计入个人所得税计算的收入总额,应纳所得税所得额一般为扣除三险一金后的月收入并减去扣除标准的数据结果。扣除标准由国家统一规定,目前为3500元/月。

适用税率:对于工资、薪资所得,个人所得税采用超额累进税率,因此不同的应纳税所得额便对应不同的税率,一般应纳税所得数据越大,其对应的税率越高。

速算扣除数:为了更好地计算不同税率下个人所得税的纳税额总结出的固定数据,与适用税率相同,应纳税所得额数据越大,其对应的速算扣除数越高。

(三)个人所得税税率及速算扣除额对照表(见表 5-4)

表 5-4　个人所得税税率及速算扣除额对照表

全月应纳税所得额(元)	适用税率(%)	速算扣除额(元)
0～1500(含 1500)	3	0
1500～4500(含 4500)	10	105
4500～9000(含 9000)	20	555
9000～35000(含 35000)	25	1005
35000～55000(含 55000)	30	2755
55000～80000(含 80000)	35	5505
80000 以上	40	13505

四、应缴社会保险费的计算

(一)社会保险的含义

社会保险是指国家通过立法强制实行的,由劳动者、企业(雇主)或社区,以及国家三方共同筹资,建立保险基金,对劳动者因年老、工伤、疾病、生育、残废、失业、死亡等原因丧失劳动能力或暂时失去工作时,给予劳动者本人或供养直系亲属物质帮助的一种社会保障制度。

(二)社会保险基金及来源

社会保险基金是指为了保障保险对象的社会保险待遇,按照国家法律、法规,由缴费单位和缴费个人分别按缴费基数的一定比例缴纳以及通过其他合法方式筹集的专项资金。

(三)企业及个人应缴社会保险费计算公式

应纳税额＝社会保险费缴费基数×缴费率

缴费基数一般为员工上一年度月平均工资或上一年度社会平均工资的 60% 以上的比例,由用人单位自行申报。

值得注意的是,社保年度为每年 7 月 1 日—次年 6 月 30 日。比如,企业在 2015 年 7 月 1 日至 2016 年 6 月 30 日之间,企业及个人的缴费基数为各地统计局公布的 2014 年社会平均工资的一定比例。

同时,不同参保对象适用的缴费基数有所不同,具体可参考表 5-5。

表5-5 2015年度厦门市社会保险费缴费标准

参保对象			本市户籍职工	外来人员	本市户籍灵活就业人员和下岗职失业人员	事业单位城镇职工	本市个体工商户业主及本市户籍雇工
养老保险	缴费基数		个人上年度月平均工资	最低工资	上年度全市在岗职工月平均工资60%~300%	个人上年度月平均工资	个人上年度月平均工资
	缴费比例	合计	22%	22%	20%	22%	20%
		单位	14%	14%	全部由本人按月缴纳	14%	12%
		个人	8%	8%		8%	8%
医疗保险	缴费基数		个人上年度全市在岗职工月平均工资	上年度全市在岗职工的60%	上年度全市在岗职工月平均工资60%~300%	个人上年度月平均工资	业主：以上年度全市在岗职工月平均工资为基数，按10%计缴。本市户籍雇工：以个人上年度月平均工资为缴费基数，按10%计缴（雇主8%、个人2%）
	缴费比例	合计	10%	6%	10%	10%	
		单位	8%	4%	全部由本人按月缴纳	8%	
		个人	2%	2%		2%	
失业保险	缴费基数		个人上年度月平均工资	以最低工资为基数，按2%由用人单位全额缴纳。	就业困难人员中的灵活就业人员以个人上年度月平均工资为基数，按3%计缴	个人上年度月平均工资	个人上年度月平均工资
	缴费比例	合计	3%			3%	3%
		单位	2%			2%	2%
		个人	1%			1%	1%
工伤保险	缴费的对象、缴费基数与比例		（1）企业职工以上年度个人月平均工资为缴费基数，对照行业费率，由当地社保征收部门缴纳工伤保险； （2）在异地就业的本市户籍人员由就职企业向就职企业所在地社保征收部门缴纳工伤保险 （3）按建筑工程项目参加工伤保险企业，依《建筑、矿山及石材加工企业农民工参加工伤保险办法》(厦府〔2005〕356号)及费率调整规定缴费； （4）市事业单位（指财政补助经费、经费自给及集体所有制的事业单位）、民间非营利组织应以职工个人上年度月平均工资为缴费基数，按0.5%的缴费比率由单位缴纳				

续表

参保对象 险种		本市户籍职工	外来人员	本市户籍灵活就业人员和下岗失业人员	事业单位城镇职工	本市个体工商户业主及本市户籍雇工
生育保险	缴费基数与比例	本市户籍企业职工、外来工、外来管理技术人员,按0.8%的缴费基数,以职工本人月平均工资为缴费基数		本市户籍企业职工和外来管理技术人员一次性缴纳养老保险费人员和被征地人员的60%的按60%,超过300%的按300%为缴费基数。(不得低于全市上年度月平均工资的60%)	事业单位就业后至本市其他单位就业的被征地人员的60%的按60%,超过300%的按300%为缴费基数	本市个体工商户业主及本市户籍雇工,以职工上年度个人月平均工资为缴费基数
	备注	1.若职工个人上年月平均工资低于全市上年度月平均工资的60%的,以全市上年度月平均工资的60%为缴费基数。 2.在异地就业的本市户籍人员养老、医疗、失业按本市职工缴费标准缴纳。 3.(1)养老保险:按照《厦门市基本养老保险办法》规定,首次参保且一次性缴费的被征地人员、农场职工和渔业企业渔民,以岛内未就业企业流出后尚未就业的个人,可按上年度全市在岗职工月平均工资60%~300%的缴费比例为缴费基数按本市月工资的60%~300%的缴费比例为缴费基数。按22%或最低工资为缴费基数,其中单位缴14%,个人缴8%。从农场和渔业企业流出后尚未就业的个人,按20%的缴费比例由本人全部缴纳。 (2)医疗、失业保险:一次性缴纳养老保险费后至本市其他单位就业的被征地人员,以工人个人上年月平均工资的60%为缴费基数按本市职工缴费标准缴纳。 4.外来员工中的管理、技术人员社会保险费可按本市职工缴费标准参加社会保险。 5.在我市就业的台湾、香港、澳门、华侨人员、外国人,可以按本市职工社会平均工资的60%为缴费基数,但不能低于厦门市最低工资。 6.按本市标准缴费的人员,若个人上年度月平均工资低于本市社会平均工资60%的,养老、医疗、生育保险按最低工资为缴费基数,失业、工伤保险按本市月最低工资。 7.本市行政区域内中央属、省属单位,省属单位职工的基本医疗、失业、工伤保险(邮电、电力行业除外)和生育保险按上述规定标准缴纳。				

练习题:

小王系厦门市职工,2015社保年度,其所在企业为其缴纳社会保险的基数为2014年社会平均工资(5061元)的60%。请你计算小王每月个人应缴纳的社会保险费总额。

自主学习任务

计算题

1. 某企业基本养老保险缴费费率为20%，个人为8%；医疗保险企业缴费费率为9%，个人为2%+3元；失业保险企业缴费费率为1.5%，个人是0.5%。某企业现有职工50名，其中员工月平均工资的资料如下：5000元的10人，3000元的20人，2000元的20人。

请问该月企业共需缴纳多少养老、医疗和失业保险费？

2. 某企业生产车间实行累进计件工资制，工资计算标准如表5-6所示，高级工张强10月份完成了2400件产品的加工，经检验全部是合格产品。

表 5-6　工资计算标准

产量（件）	计件单价（元/件）
0～1000	1
1001～1500	1.5
1501～2000	2.5
2001～2500	4
2501～3000	6
3000 以上	10

请计算张强10月份应得的计件工资。

3. 2014年小王的月工资标准为3500元/月，10月份小王请假5天，周末加班12小时，国庆期间加班10小时。

请计算10月份小王应发工资和应缴个人所得税。

4.速算扣除额怎么得来的？

（小提示：我国的工资薪金、劳务报酬缴纳的个人所得税采用的累进税。应纳税额根据不同的梯度，适用不同的税率。）

5.王某应发工资为 5800 元，应纳个税是多少？

6.职工王先生国庆节期间加班 7 天，他与单位签订的合同里明确了岗位工资是 1000 元，那么他的 7 天加班工资是多少？

任务四　编制工资表和制作工资条

一、编制工资表

员工工资表可以将员工获得薪酬的所有数据汇总显示，包括薪酬总额以及薪酬各构成部分的数额，可以有效地避免利益争执，提高员工工作积极性，也能为企业上缴税金时提供有力的数据依据，是每个企业必不可少的一种表格。

编制工资表，要求把工资的所有数据全部包括在工资表中。通常，每个员工的工资明细表中包括基本工资、岗位工资、工龄工资、奖金、出勤扣款、社保扣款、个人所得税扣款等，可以计算出员工实发工资额。

二、使用邮件合并工具制作工资条

（一）方法

通过 word 邮件合并工具栏快速生成工资条新文档。

(二)步骤

步骤一:建立××年××月工资台账。

步骤二:保存副本备用,一定要删除标题行。如表 5-7 所示。

表 5-7 某公司××年××月工资总表

员工编号	姓名	所属部门	基本工资	工龄工资	奖金	出勤扣款	应扣保费	应发工资	应扣所得税	实发工资
KB001	蔡静	技术部	1950	1400	0	80	324.5	3945.5	13.37	3932.13
KB002	陈嫒	技术部	2900	1300	0	20	319	3861	0	3861
KB003	王密	技术部	2250	1000	0	20	247.5	2982.5	0	2982.5
KB004	吕芬芬	技术部	1250	1100	0	80	137.5	2132.5	0	2132.5
KB005	路高泽	客户部	2950	1300	0	20	324.5	3905.5	12.17	3893.33
KB006	岳庆浩	客户部	2550	800	0	50	280.5	3019.5	0	3019.5
KB007	李雪儿	客户部	1950	1000	0	30	214.5	2705.5	0	2705.5
KB008	陈山	客户部	1550	1100	200	0	170.5	2679.5	2679.5	
KB009	廖晓	生产部	2550	1500	200	0	280.5	3969.5	0	3969.5

步骤三:创建 word 文档,复制工资表标题行,并插入一行,如图 5-1 所示。

员工编号	姓名	所属部门	基本工资	工龄工资	奖金	出勤扣款	应扣保费	应发工资	应扣所得税	实发工资

图 5-1 步骤三

步骤四:在当前 Word 文档中执行"工具/信函与邮件/邮件合并"命令,打开"邮件合并"对话框(在窗口右侧)。先选中"信函"单击"下一步";选中"使用当前文档"单击"下一步";选中"使用现有列表"单击"浏览",找到某公司××年××月总数据表后单击"打开",单击"下一步";将光标定位于要合并数据的位置,单击"其他项目",把"插入合并域"中的项目选定后单击"插入/关闭";重复邮件合并窗口中的第 5 步,完成所有合并域。完成后的效果图如图 5-2 所示。

员工编号	姓名	所属部门	基本工资	工龄工资	奖金	出勤扣款	应扣保费	应发工资	应扣所得税	实发工资
《员工编号》	《姓名》	《所属部门》	《基本工资》	《工龄工资》	《奖金》	《出勤扣款》	《应扣保费》	《应发工资》	《应扣所得税》	《实发工资》

图 5-2 步骤四

步骤五:完成合并,导出到新文档。新文档的一页内容如示意图 5-3 所示。

员工编号	姓名	所属部门	基本工资	工龄工资	奖金	出勤扣款	应扣保费	应发工资	应扣所得税	实发工资
KB001	蔡静	技术部	2950	1400	0	80	324.5	3945.5	13.369999999999999	3932.1300000000001

图 5-3 步骤五

步骤六:调整版式。

(三)在"邮件合并"操作过程中出现的常见问题

1.常见问题一:word 邮件合并出现很多位小数点。

解决方案:选中这个小数点后面变长了的地方;用鼠标右键点击出现的"切换域代码";在已经存在的域代码后面的反括号内输入"\♯"0.00""(注意是在英文输入格式下);右击鼠标选"更新域代码"就可以了。如果只想保留一位小数点就只输入"\♯"0.0""。

2.常见问题二:合并后的新文档数据不连续。

解决方案:新文档—页面设置—版式—节的起始位置—接续本页—应用于整篇文档。

3.常见问题三:合并后的新文档中,员工记录紧密相连,不利于剪裁。

解决方案:在邮件合并模板中的表格下方,留下 2 个空行,即单击两次回车键—合并到新文档—页面设置。

举一反三:下个月工资表数据有变动的,在邮件合并工资条模板中数据域相应的位置点击"更新域"即可生成新的工资条。

自 主 学 习 任 务

实训任务:上机设计各类薪酬管理表格,如薪酬调查问卷表、员工奖惩登记表、出勤登记表、年假休假统计表、加班记录表、变更工资申请表等。样表如表5-8、表5-9、表5-10所示。

表 5-8　薪酬调查问卷表(样表)

调查对象基本信息							
姓名		年龄		性别		入职时间	
所在部门		职务		学历		毕业院校	
企业资料							
贵企业所属性质	□外商投资　□民营企业　□股份制企业　□国有企业　□其他(请注明)						
	注:若是外商投资,请选择						
	□外商独资企业　□中外合资企业　□中外合作企业						
所属行业	□加工制造业　□纺织服装业　□医疗卫生业　□酒店餐饮业　□其他(请注明)						
企业成立时间		企业注册资金			企业员工人数		
薪酬状况							
1.您目前的年薪□1万~2万元　□2万~3万元　□3万~5万元　□5万元以上							
2.您的薪酬构成							

薪酬的组成	所占总薪酬的比例

续表

3.各部门及人员薪酬状况(年薪)					
生产部	部门经理	□2万~3万元	□3万~5万元	□5万~8万元	□8万元以上
	中层领导	□1万~2万元	□2万~3万元	□3万~5万元	□5万元以上
	一般员工	□1万元以下	□1万~2万元	□2万~3万元	□3万元以上
研发部	部门经理	□2万~3万元	□3万~5万元	□5万~8万元	□8万元以上
	中层领导	□1万~2万元	□2万~3万元	□3万~5万元	□5万元以上
	一般员工	□1万元以下	□1万~2万元	□2万~3万元	□3万元以上
人力资源部	部门经理	□2万~3万元	□3万~5万元	□5万~8万元	□8万元以上
	中层领导	□1万~2万元	□2万~3万元	□3万~5万元	□5万元以上
	一般员工	□1万元以下	□1万~2万元	□2万~3万元	□3万元以上
财务部	部门经理	□2万~3万元	□3万~5万元	□5万~8万元	□8万元以上
	中层领导	□1万~2万元	□2万~3万元	□3万~5万元	□5万元以上
	一般员工	□1万元以下	□1万~2万元	□2万~3万元	□3万元以上

4.福利待遇

(1)体检

新员工入职,是否为其提供健康检查	□是 □否
每年是否定期为员工提供健康检查	□是 □否

(2)社会保险

社会养老保险	每月交纳( )元
社会医疗保险	每月交纳( )元
失业保险	每月交纳( )元
生育保险	每月交纳( )元

(3)假期

除了国家规定的法定假日外,公司是否还提供其他假期,若有,请注明

(4)其他

5.您觉得您所在企业的薪酬水平在同行业处于□较低　□中等　□偏高

6.您对目前的薪酬满意吗

7.您对本次薪酬调查的建议

非常感谢您的合作,祝您工作愉快

表 5-9　员工调薪记录表

部门名称：　　　　　填写日期：　　　年　　月　　日

姓名		年龄		性别	
编号		职务		入职时间	
调薪原因	□试用期转正　　□调职调薪　　□晋升调薪　　□年度调薪　　□其他				
调薪具体情况	内容		调薪前		调薪后
	职称				
	职级职等				
	基本工资				
	津贴数额				
	奖金数额				
人力资源部意见					
总经理签字					
调薪生效日期					

表 5-10　员工奖金核定表

本月营业额			本月净利润		本月利润率	
可得奖金			调整比率		应发奖金	
奖金核定	部门	姓名	职别	职务	核发奖金	备注

	本月净利润（万元）	可得奖金（元）	本月营业额（万元）	目标利润提高比率（%）
奖金核定标准/元	10	0	400	0
	10～20	200	400～500	10
	20～30	400	500～600	20
	30～40	600	600～700	30
	40～50	800	700～800	40
	50	利润每增10万元，奖金增加200元	800	50

 小贴士

用人单位如不执行最低工资标准,劳动者可以进行举报和投诉,渠道是多方面的。最方便的是拨打劳动保障咨询电话12333进行投诉;其次,可以向劳动保障监察部门举报;再次,可以通过劳动保障争议仲裁机构进行仲裁。如果劳动者到劳动保障监察部门投诉,劳动保障行政部门将责令限期支付劳动者的工资低于最低工资标准的差额,逾期不支付的,责令用人单位按照应付金额50%以上1倍以下的标准计算,向劳动者加付赔偿金。

用人单位应当每月至少支付一次工资,且每月发放的工资都不得低于最低工资。所以年底发放的一次性年终奖,不能再"分摊"在每月发放的最低工资里面。对实行年薪制或按考核周期兑现工资的劳动者,用人单位也应每月按不低于最低工资的标准支付工资,年终或考核周期期满时结算。

对于停工停产的用人单位,在一个工资支付周期内可以按照与劳动者约定的标准支付。超过一个周期后,用人单位可以和劳动者重新达成工资的协议,按新协议的标准执行,若劳动者提供了正常劳动,则支付给劳动者的劳动报酬不得低于当地的最低工资标准;用人单位未安排劳动者工作的,是否也应支付不低于最低工资标准,各地规定不一,上海实际上允许低于最低工资标准支付,但应落实对停工人员实行社会保险费补贴和岗位补贴的一系列扶持政策。

学习情境六　劳动关系管理

学 习 目 标

知识目标:通过本情境的学习,熟练掌握劳动关系的含义、特点及重要性;劳动合同的一般条款;熟悉劳动法的常用条款;劳动纠纷的类型及解决途径。

能力目标:编制各类有关劳动合同的通知;对各类劳动关系纠纷进行分析和判断。

导 入 情 境

人事经理把准备好的解雇书放到我的桌子上,并向我解释了事情的经过。一位叫克雷腾的员工,两个月前因在商场门前抽烟被最终警告一次,这次他坐在停车场的车里吸烟。按照公司规定,只要在公司范围内抽烟,不管是商场里还是商场外,第一次就是最终警告,第二次就是解雇。我问人事经理有谁看见克雷腾抽烟,她说有两位员工同时看到,并让我看了他们写的书面证词。

按照公司规定,解雇员工一定要商场总经理亲自出面。我把克雷腾所在区域的副经理和他一起叫到办公室来。克雷腾40出头,一米五的个子,但很瘦,是美国人中难找的体形。黄色的头发中露出很多白发。我问他是否知道为什么叫他来,他神情紧张,手开始微微发抖。"不知道。"他强装笑容。

我问他:"你今天在公司范围内吸烟没有?"他知道了问题的严重性,因为上次吸烟得到最终警告时,他就被告知:下次再在商场范围内吸烟,就会被开除。他开始结结巴巴地说:"我是吸过烟,但我那是坐在我的车里面。"我问他的车子停在什么地方,他说商场的停车场。检查完这一事实后,我拿出人事经理已经写好的解雇书,念给他听:"员工所犯错误:克雷腾于4月6日下午3点20分,在商场停车场的车里吸烟,这一行为,违反了公司规章制度第八条十三节。公司的处理意见:开除。"我听了一会说,问他有没有问题,他没有回答我,用手捂住脸。又过了一会儿,他依然没有动静。我问他有没有什么疑问,没有的话请在他在解雇书上签字。

渐渐地,他抬起头,在我的办公桌寻找面巾纸,因为他已经泪流满面。我安慰他说:"我知道失去工作对你来说很残酷,但你为什么要明知故犯呢?"他终于开始说话了:"我早已戒烟了,上次吸烟是我女儿在车祸中丧生的一周年纪念日。"他开始哭出声来,"今年是她的18岁生日。我知道抽烟意味着什么,但我彻底给忘了……以往,每年的这个时候,我的爸爸妈妈,还有我的岳父岳母,都到我家给她过生日……小时候我们给她买玩具,后来给她买衣服……她总是把最好的朋友邀请到家里来,用气球和彩带装饰她的房间,又是唱又是跳……可那天,家里太清静了,我就一个女儿,我太思念她了……"

他又把脸埋在双手里,痛苦不已。他的话深深地震撼了我,我对他家庭的不幸从来未听说过。

我站起来,安慰他说:"我对你的不幸感到非常的悲哀和同情,你的女儿在天堂和上帝一起,她正在那里等待你的到来。我们都回去天堂见我的上帝,和我们已故的亲人相会。"他似乎从我的话里得到一点安慰:"是啊,我每天就是靠这个寄托而度过的。"

我又把话题转移到解雇书上来:"克雷腾,你知道,不管是什么原因,违反了公司 A 类规定就会被开除。"

他用乞求的目光凝视着我:"不,我不能没有工作,我的太太因为长期情绪不稳定,被迫停薪留职,一直在接受心理医生的治疗。如果她知道我被解雇,她会发疯的。"他开始放声大哭起来。我把右手放在他的肩上:"我何尝不想再给你一次机会,但你知道我不能违反公司的规定给任何人特权,因为公司的规定是不附加任何条件的,否则,人人都会有特殊原因,公司的规章制度就无法执行下去了。其实,解雇你就像割我的手指头一样让人心痛……"

克雷腾似乎在一步一步地接受这突如其来的打击,他又沉默了一会儿:"是我的错,我应该承担这错误的后果。"他显得格外的镇定,"让我签字吧。"

他签完字,把工作服、员工优惠卡、工作牌全部放在我的桌子上,然后走出了办公室。看到他渐渐离开的背景,我的心中一阵痛楚。

我一共解雇多少员工,已经无法记清。但有一点我是很清楚的,我从来没有让任何一个被开除的员工,带着愤怒和记恨离开我的办公室,离开我的商场。只要我们真诚地表达我们在公司规章制度下的无奈,真诚地请求员工谅解,真诚地表达我们对员工的理解和尊重,就会减轻员工心中的痛楚,就会敞开理解的大门。

思考:在解雇员工时应遵循哪些原则和程序?该案例对你有何启发?

任务一 对劳动关系的基本认知

劳动者人生中最为宝贵的时间花费在工作场所之中进行各类劳动。劳动关系是人们各种社会关系中最普遍的关系。

一、劳动关系

(一)劳动关系的基本概念

劳动关系是指劳动者与用人单位在实现劳动过程中建立的社会经济关系。一般而言,劳动关系是指用人单位(雇主)与劳动者(雇员)之间在运用劳动者的劳动能力,实现劳动过程中所发生的关系。劳动关系的主体是特定的,劳动关系是劳动者与劳动力使用者之间因就业或雇用而产生的关系,即忽略个体间的具体差异的雇主与雇员的关系。工资作为劳动力这一生产要素的均衡价格是连接雇主与雇员两者的桥梁。劳动关系所反映的是一种特定的经济关系,劳动给付与工资的交换关系。

(二)劳动关系的特征

劳动关系是在现实劳动过程中发生的关系,与劳动者有着直接的联系,劳动关系的双方当事人,一方是劳动者,另一方是提供生产资料的劳动者所在单位。劳动者要成为另一方即所在单位的成员,并遵守单位的内部劳动规则。

劳动关系具有如下特征:

1.劳动关系的内容是劳动

在现代市场经济条件下,劳动力的所有权和使用权相分离,从而使得劳动成为这种关系的基础,也是它的实质和内容。雇主以其占有的生产资料(资本)的产权或经营权为基础,能够为劳动力的使用提供物质条件,成为劳动力的使用者。

2.劳动关系具有人身关系属性和财产属性相结合的特点

人身关系的属性使得劳动关系的运行具有极其复杂的特征。劳动力的使用不仅仅是劳动力的消费,还涉及劳动者的人格、尊严,以及其他因人身关系而派生的各种问题。因而对劳动关系的控制、调整等提出了有别于其他管理、其他社会关系调整的特殊要求。

3.劳动关系具有平等性和隶属性的特点

劳动关系的当事人及雇主和雇员之间是相互独立的平等主体的契约关系,双方具有平等的法律地位和法律人格。建立劳动关系应是在平等自愿的基础上对等协商的结果,具有显著的形式平等的特征。

然而劳动关系一经建立,雇员劳动时间内必须听从雇主的领导、命令和指挥,并遵守企业内部的劳动规则,这使得劳动关系具有隶属性,即成为一种隶属主体间的以指挥、命令和服从为特征的管理关系。

(三)劳动关系的管理原则

既然劳动关系作为一种社会经济关系,就需要进行管理。作为人力资源管理者,对于劳动关系的管理要遵循以下原则:

1.合法:劳动关系管理要符合劳动法的要求,这是劳动关系管理的基础。

2.合理:劳动关系管理要符合企业发展和个人发展的规律,要有一个科学、合理的劳动关系管理。

3.合情:劳动关系管理的任务是要营造一个良好的员工关系,营造一个良好的人际关系氛围,要有浓厚的人情味。

二、劳动法律关系

(一)劳动法律关系的含义

所谓劳动法律关系,是指劳动法律规范在调整劳动关系过程中所形成的雇员与雇主之间的权利义务关系。

现代社会提倡意思自治、契约自由,只要雇主与雇员意思表示真实、一致,双方合意,即可以形成劳动关系。

但是劳动关系是绝对无法脱离法律制度的,要受到法律的确认、调整和保护,不完全取决于双方意志。实际上,国家意志已经明确而具体地介入劳动关系之中了。比如,在确定劳动关系各方面的内容以及当事人各自的行为时,如工时、工资、劳动条件等,以及变更、解除和终止劳动关系时,必须服从国家意志的制约,使劳动关系既符合当事人双方的意志,又符合国家法律意志的要求。与此同时,任何一方违反法律规范,都将承担法律责任。

劳动关系经劳动法律规范、调整和保护后,即转变为劳动法律关系,雇主和雇员双方都有明确的权利义务。

(二)劳动法律关系的特征

1.劳动法律关系是劳动关系的现实形态

劳动法律关系是以劳动关系和劳动法律规范为前提而形成的社会关系,是法律对人们的劳动行为及其相互关系进行调整而出现的一种状态。劳动关系是劳动法律关系的现实基础,而劳动法律关系是劳动关系的法律形式。

2.劳动法律关系的内容是权利和义务

劳动法律关系是以法律上的权利、义务为纽带而形成的社会关系,运用劳动法的各种调整方式规范双方的权利、义务,使双方分别享有一定的权利,并承担一定的义务。

(1)劳动者的权利:

①享有平等就业和选择职业的权利;

②享有获得劳动报酬的权利;

③享有休息、休假的权利;

④获得劳动安全卫生保护的权利;

⑤接受职业技能培训的权利;

⑥享有社会保险和福利的权利;

⑦提请劳动争议处理的权利;

⑧法律规定的其他劳动权利。

(2)劳动者的义务:

①完成劳动任务的义务;

②提高职业技能的义务;

③执行劳动安全卫生规程的义务;

④遵守劳动纪律和职业道德的义务。

(3)用人单位的权利和义务:

由于劳动关系双方的权利和义务是相对应的,因此,劳动者的权利就是企事业单位、国家机关、社会团体及个体经济组织等用人单位的义务;劳动者的义务则是企事业单位、国家机关、社会团体及个体经济组织等用人单位的权利。

3.劳动法律关系是双务关系

劳动法律关系是一种双务关系,意思是,雇员在劳动法律关系之中既是权利主体,又是义务主体,互为对价关系。在通常情况下,任何一方在自己未履行义务的前提下无权要求对方履行义务,不能只要求对方履行义务而自己只享有权利。否则,就是违背了劳动法律关系主体地位平等的要求。

4.劳动法律关系具有国家强制性

劳动法律关系是以国家强制力作为保障手段的社会关系,是由观念抽象状态转化为现实秩序的一种状态。

国家强制力是否立即发挥作用,取决于劳动法律关系主体的行为性质:

(1)由强行性规范所形成的劳动法律关系内容,受国家法律强制力的直接保障。比如,不得使用童工,不得低于最低工资标准雇用员工,雇主提供的劳动安全卫生条件不得低于国家标准等。

(2)由任意性规范形成的劳动法律关系的内容,当其受到危害时,则须经权利主体提出请求后,国家强制力才会显现。

(三)劳动关系的调整方式和调整依据

1.劳动法律法规。这是调整劳动关系应当遵循的原则性规范、最低标准。

2.劳动合同。劳动合同是劳动者与用人单位之间确立劳动关系,明确双方权利和义务的协议。

3.集体合同。集体双方代表根据劳动法律法规,就劳动报酬、工作时间、休息休假、劳动安全卫生、保险福利等事项,在平等协商一致的基础上签订的书面协议。

4.企业民主管理制度。以职工代表大会为基本形式的企业民主管理制度,要求企业事务公开,支持职工参与企业管理,维护职工合法权益,构建和谐劳动关系,促进企业持续健康发展。

5.企业内部的劳动规则。体现为企业公开、正式的行政文件。

6.劳动争议处理制度。劳动关系处于非正常状态下,经劳动关系当事人请求,由依法建立的处理机构——调解机构、仲裁机构依法进行调查、协调和处理的程序性规范。是对劳动关系的社会性调整。调解是由企业劳动争议调解委员会(职工、用人单位、工会代表)做出的,具有群众性、自治性和非强制性。仲裁是劳动争议仲裁委员会(劳动行政部门、同级工会、用人单位代表)做出的,是兼有司法性特征的劳动行政执法行为。

7.劳动监督检查制度。县级以上各级人民政府劳动行政部门、有关部门、各级工会为了保证劳动法的贯彻执行,依法对用人单位遵守劳动法律、法规的情况进行监督检查,对违反劳动法律、法规的行为有权制止,并责令改正。

自 主 学 习 任 务

自主学习《中华人民共和国劳动法》(简称《劳动法》)和《中华人民共和国劳动合同法》(简称《劳动合同法》)(2008年)全文,教师在班级内开展"劳动法知识竞赛"。

《劳动法》是国家为了保护劳动者的合法权益,调整劳动关系,建立和维护适应社会主义市场经济的劳动制度,促进经济发展和社会进步,根据宪法而制定颁布的法律。从狭义上讲,我国《劳动法》是指1994年7月5日八届人大通过,1995年1月1日起施行的《中华人民共和国劳动法》;从广义上讲,《劳动法》是调整劳动关系的法律法规,以及调整与劳动关系密切相关的其他社会关系的法律规范的总称。《劳动法》作为维护人权、体现人本关怀的一项基本法律,在西方甚至被称为第二宪法。

任务二　劳动合同

劳动关系确立的标志是劳动合同的签订。劳动者同用人单位签订了劳动合同,就已经确立了劳动关系,明确了双方的权利和义务。

一、劳动合同的概念

劳动合同是劳动者与用人单位确立劳动关系、明确双方权利义务的协议。订立劳动合同的目的是在劳动者和用人单位之间建立劳动法律关系,规定劳动合同双方当事人的权利和义务。劳动者和用人单位签订劳动合同的法律地位平等,但在劳动合同履行过程中,劳动者必须参加到用人单位的劳动组织中,担任一定职务或工程、岗位工作,服从用人单位的领导和指挥,遵守用人单位的劳动纪律、内部劳动规则和各项规章制度,同时享有用人单位的工资、劳动保险和福利待遇。

劳动合同是合同的一种,它具有合同的一般特征,即合同是双方的法律行为,而不是单方的法律行为;合同是当事人之间的协议,只有当事人在平等自愿、协商一致的基础上达成一致时,合同才成立;合同是合法行为,不能是违法行为,合同一经签订,就具有法律约束力。劳动合同除具有上述一般特征外,还有其自身的基本特征:

1. 劳动合同的主体是特定的,必须一方是具有法人资格的用人单位或能独立承担民事责任的经济组织和个人;另一方是具有劳动权力能力和劳动行为能力的劳动者。

2. 劳动者和用人单位在履行劳动合同的过程中,存在着管理关系,即劳动者一方必须加入用人单位一方中去,成为该单位的一名职工,接受用人单位的管理并依法取得劳动报酬。

3. 劳动合同的性质决定了劳动合同的内容以法定为多、为主,以商定为少、为辅,即劳动合同的许多内容必须遵守国家的法律规定,如工资、保险、保护、安全生产等,而当事人之间对合同内容的协商余地较小。

4. 在特定条件下,劳动合同往往涉及第三人的物质利益,即劳动合同内容往往不仅限于当事人的权利和义务,有时还需涉及劳动者的直系亲属在一定条件下享受的物质帮助权,如劳动者死亡后遗属待遇等。

二、劳动合同的条款

在劳动合同内容中最重要的内容是劳动合同的条款。劳动合同的条款分为两类:一类是法定条款,它是法律规定的合同必须具备的条款,缺少法定条款,劳动合同就不能成立;另一类是约定条款,这是双方当事人之间自愿协商规定的关于各自权利义务的条款,缺乏约定条款,并不影响劳动合同的效力。

(一)法定条款

劳动合同的法定条款包含:劳动合同期限、工作内容、劳动报酬、劳动纪律、劳动合同终止的条件和违反劳动合同的责任六项内容。

1.劳动合同期限

劳动合同期限是劳动合同开始和终止的时间界限,表明双方当事人相互享有的权利、承担的义务的期限。劳动合同的期限可以分为:固定期限、无固定期限和以完成一定工作任务为期限。

2.工作内容

这是针对劳动者而言的,包括劳动者从事劳动的工种、岗位、生产或工作应达到的数量、质量指标或应完成的任务等。

3.劳动报酬

劳动报酬是员工在付出一定劳动后的回报,企业应根据国家的法律法规,结合员工实际工作,合理、定期发放劳动报酬。劳动报酬包括三部分:一是货币工资,用人单位以货币形式直接支付给劳动者的各种工资、奖金、津贴、补贴等;二是实物报酬,即用人单位以免费或低于成本价提供给劳动者的各种物品和服务等;三是社会保险,指用人单位为劳动者直接向政府和保险部门支付的失业、养老、人身、医疗、家庭财产等保险金。工资必须以货币的形式支付。在不低于国家最低工资标准的前提下,劳动报酬的多少由用人单位与劳动者协商确定。

4.劳动纪律

劳动纪律是劳动者在用人单位必须遵守的工作秩序和劳动规则,是规范劳动行为的一项重要内容,是劳动者必须履行的义务。

5.劳动合同终止的条件

劳动合同终止的条件是指除法律、法规规定的条件外,当事人自己协商确定的在什么情况下可以终止合同效力的内容。

6.违反劳动合同的责任

当事人一方或双方由于自己的过错造成劳动合同不履行或不能履行,按照法律、法规和劳动合同规定应承担相应的行政、经济责任。

对于某些高危险性、对身体有伤害的特殊行业,我国法律还作了特殊规定。根据我国《职业病防治防》第 30 条的规定,用人单位与劳动者订立劳动合同时,应当将工作过程中可能产生的职业病危害及其后果、职业病防护措施和待遇等如实告知劳动者,并在劳动合同中写明,不得隐瞒或欺骗。用人单位违反上述规定的,劳动者有权拒绝从事存在事业病危害的作业,用人单位不得因此解除或者终止与劳动者所订立的劳动合同。

(二)约定条款

约定条款的内容要合法,对当事人就具有法律约束力。一般常见的约定条款包含试用期、培训、保密事项、其他补充保险和福利待遇等方面。

1.试用期的约定

特别注意的是试用期,在《劳动合同法》未颁布之前,用人单位在录用员工的程序上,一般分为试用期和正式聘用。试用期合格后才予以签订劳动合同,即:劳动合同的签字日期是试用期满后正式聘用的日期,即劳动合同不包含试用期。

用人单位与劳动者签订劳动合同的日期是 2010 年 1 月 1 日至 2012 年 12 月 31 日

止,是正式聘用的时间。但用人单位与劳动者建立劳动关系可能是在2009年11月份甚至更早之前,即所谓的试用期,没有包含在双方签订的劳动合同里面,用人单位也不需要向劳动者支付2倍的工资。

根据《劳动合同法》第十条:"已建立劳动关系,未同时订立书面劳动合同的,应当自用工之日起第一个月内订立书面劳动合同。"要求用人单位在用工的第一个月内必须与劳动者签订劳动合同。那么,试用期必然包含在劳动合同之内。

用人单位与劳动者签订了3年固定期的劳动合同,自2010年1月1日起至2012年12月31日止,试用期签订为2个月,即2010年1月1日至2010年2月28日为试用期,该试用期包含在双方签订的劳动合同中。

根据《劳动合同法》第八十二条:"用人单位自用工之日起超过一个月不满一年未与劳动者订立书面劳动合同的,应当向劳动者每月支付2倍的工资。"假设用人单位在2010年1月1日起与劳动者建立劳动关系,但在2010年1月31日之内未与劳动者签订劳动合同,那么,劳动者可以要求用人单位支付2倍的工资。

2.培训的约定

双方当事人可以约定培训的项目、条件,培训期间的工资待遇,培训费用的支付方法,服务期限等。用人单位为劳动者提供专项培训经费,对其进行专业技术培训的,可以与该劳动者订立协议,约定服务期。劳动者违反服务期约定的,应当按照约定向用人单位支付违约金。违约金的数额不得超过用人单位提供的培训费用,不得超过服务期尚未履行部分所应分摊的培训费用。用人单位与劳动者约定服务期的,不影响按照正常的工资调整机制提高劳动者在服务期期间的劳动报酬。

3.保密事项

劳动过程涉及用人单位商业秘密的,当事人可以对有关保密事项加以明确规定,使之成为劳动者履行劳动合同的一项基本义务。

三、劳动合同的订立

《劳动合同法》第七条规定:"用人单位自用工之日起即与劳动者建立劳动关系。"第十条规定:劳动者与用人单位"建立劳动关系,应当订立书面劳动合同"。意思是说,劳动合同应当以书面的形式订立,若用人单位自用工之日起超过一个月不满一年未与劳动者订立书面劳动合同的,应当向劳动者每月支付2倍的工资。

劳动合同的订立,是实施劳动合同制度的前提和基础。随着我国经济体制的不断发展与完善,劳资纠纷也越来越多。1995年1月至2005年7月,全国各级劳动争议仲裁委员会共受理劳动争议案件132万件;各级人民法院审理劳动争议一审案件约86万件。现在,一些用人单位为了规避法律,逃避责任,在用工时不与劳动者签订书面劳动合同的情况非常普遍。用人单位不与劳动者签订书面劳动合同导致大量的劳动纠纷产生,损害了劳动者的合法权益。

(一)劳动合同的类型

劳动合同的签订是劳动关系产生的基础,根据劳动合同的期限,劳动合同订立可分为固定期限劳动合同、无固定期限劳动合同和以完成一定工作任务为期限的劳动合同。

1. 固定期限劳动合同

固定期限劳动合同是劳动合同中最为常见的一种合同。所谓固定期限，是指用人单位与劳动者双方约定劳动服务的起止时间。

例：某企业与劳动者签订的劳动合同期限从2010年1月1日起至2012年12月31日止，则该合同属于固定期限劳动合同，劳动期限为3年。

在劳动合同中，我们应当如下填写：

"合同期限自2010年1月1日起至2012年12月31日止，其中包括试用期2个月（试用期不是必须条款）。"

固定期限的长短由双方协商确定，用人单位可以根据工作内容、性质、特定要求等来确定固定期限劳动合同的期限。

2. 无固定期限劳动合同

无固定期限劳动合同，是指用人单位与劳动者约定无确定终止时间的劳动合同。

《劳动合同法》第十四条规定："用人单位与劳动者协商一致，可以订立无固定期限劳动合同。有下列情形之一，劳动者提出或者同意续订、订立劳动合同的，除劳动者提出订立固定期限劳动合同外，应当订立无固定期限劳动合同。"

订立无固定期限劳动合同包含以下几种形式：

（1）劳动者在该用人单位连续工作满十年的；

（2）用人单位初次实行劳动合同制度或者国有企业改制重新订立劳动合同时，劳动者在该用人单位连续工作满十年且距法定退休年龄不足十年的；

（3）连续订立二次固定期限劳动合同，且劳动者没有《劳动合同法》第三十九条和第四十条第一项、第二项规定的情形，续订劳动合同的。

特别需要注意的是，用人单位自用工之日起满一年不与劳动者订立书面劳动合同的，视为用人单位与劳动者已订立无固定期限劳动合同。

3. 以完成一定工作任务为期限的劳动合同

以完成一定工作任务为期限的劳动合同，是指用人单位与劳动者约定以某项工作的完成为合同期限的劳动合同。用人单位与劳动者协商一致，可以订立以完成一定工作任务为期限的劳动合同。

无论签订哪一种形式的劳动合同，用人单位必须要注意：《中华人民共和国劳动合同法》第八条规定："用人单位招用劳动者时，应当如实告知劳动者工作内容、工作条件、工作地点、职业危害、安全生产状况、劳动报酬，以及劳动者要求了解的其他情况；用人单位有权了解劳动者与劳动合同直接相关的基本情况，劳动者应当如实说明。"

（二）劳动合同订立的原则

合法、公平、平等自愿、协商一致、诚实信用原则是订立劳动合同的基本原则。凡是遵循上述原则订立的劳动合同就是合法有效的合同，当事人应当履行劳动合同约定的义务；否则不为法律所认可。

劳动合同的签订问题

某公司在与员工签订劳动合同时遇到一个棘手问题，员工甲2008年1月1日进厂，但公司一直忘记与员工甲签订劳动合同，员工甲知道公司如果不与其签订书面劳动合同，依法需要向其支付双倍的工资，因此一直不动声色，直至2008年5月1日，公司对劳动合同进行了一次普查，才发现漏签了与员工甲的劳动合同，公司表示要与员工甲补签劳动合同，员工甲同意补签，但是公司要先支付其2008年1月至4月的另一倍工资，否则员工甲只愿意将补签劳动合同日期定在2008年5月1日。

问题：公司应当如何处理上述案件较为妥当？

案例分析：

针对员工甲的问题，鉴于签订劳动合同的主动权在于用人单位，且是因为用人单位的疏忽导致一直未能与甲签订劳动合同，因此员工要求公司支付未及时与其签订劳动合同期间的双倍工资是合法的。但是从本案实务操作角度考虑，公司完全可以先不去支付该员双倍工资，将劳动合同的起始日期签订至2008年5月1日，因为从员工的心理上并不愿意与公司终止劳动关系，以后如果仅为3个月的工资去起诉的可能性也很小，即使员工离职后去起诉，公司最终也仅是支付其3个月的另一倍工资，并没有其他的额外处罚。将劳动合同的起始日期签订至2008年5月1日后，单位仍应向该员工发出《签订劳动合同通知书》让员工签收。如果发现其再次拒签劳动合同，应在2008年6月1日前立即书面通知终止与其之间的劳动关系。如果已经满一个月的，也要立即书面通知终止劳动关系，但此时需要支付经济补偿金。

由此可见，《中华人民共和国劳动合同法》的颁布，进一步保护了劳动者的劳动权益，加大了对劳动者试用期的保护。

（三）无效劳动合同

劳动合同的效力是劳动法律赋予依法成立的劳动合同具有约束劳动关系当事人双方乃至第三人的强制力。如果合同没有效力，就没有约束力与强制力。

依据劳动法的有关规定，下列劳动合同无效：

1.劳动合同主体不合法，即劳动者不具有劳动权利能力和行为能力，或者用人单位不具有用工权利能力和行为能力。

2.劳动合同的内容不合法。用人单位免除自己的法定责任、排除劳动者权利的，劳动合同的条款违反法律或行政法规强制性规定的。

3.劳动合同订立程序不完备，意思表示不真实，采取欺诈、胁迫等手段或者乘人之危，使对方在违背真实意思的情况下订立或者变更劳动合同的。

无效劳动合同从订立起就没有法律约束力；如果合同属于部分条款无效，其余部分仍然有效。劳动合同的无效由劳动争议仲裁委员会或人民法院确认。劳动合同被确认无效，劳动者已经付出劳动的，用人单位应当向劳动者支付报酬。劳动报酬的数额，参照本单位相同或者相近岗位劳动者的劳动报酬确定。

四、劳动合同的续签

劳动合同续签，是指合同期限届满，双方当事人均有继续保持劳动关系的意愿，经协商一致，双方可以续签有固定期限劳动合同、无固定期限劳动合同和以完成一定的工作为期限的劳动合同。劳动合同期满前30日，用人单位将《续订(终止)劳动合同意向通知书》送达劳动者。

一般情况下，劳动合同期满后，劳动合同的续签应与前一份合同的签订结束时间相衔接。劳动合同的续签也需在双方协商一致的情况下签订，存在用人单位不得解除合同的情况之一的，劳动合同应当续延至相应的情形消失。用人单位必须与劳动者续订劳动合同的情形：

1.从事接触职业病危害作业的劳动者未进行离岗前职业健康检查，或者疑似职业病病人在诊断或者医学观察期间的；

2.在本单位患职业病或者因工负伤并被确认丧失或者部分丧失劳动能力的；

3.患病或者非因工负伤，在规定的医疗期内的；

4.女职工在孕期、产期、哺乳期的；

5.在本单位连续工作满十五年，且距法定退休年龄不足五年的；

6.法律、行政法规规定的其他情形。

五、劳动合同的变更

劳动合同的变更是指劳动合同依法订立后，在合同尚未履行或者尚未履行完毕之前，经用人单位和劳动者双方当事人协商同意，对劳动合同内容作部分修改、补充或者删减的法律行为。劳动合同的变更是原劳动合同的派生，是双方已存在的劳动权利义务关系的发展。

在一般情况下，只要用人单位与劳动者协商一致，即可变更劳动合同约定的内容。这就是说：首先，劳动合同是劳动关系双方协商达成的协议，当然也可以协商变更；对于劳动合同约定的内容，只要是经双方当事人协商一致而达成的，都可以经协商一致予以变更。其次，对变更劳动合同，用人单位和劳动者之间应当采取自愿协商的方式，不允许合同的一方当事人未经协商单方变更劳动合同。一方当事人未经对方当事人同意任意改变合同内容的，在法律上是无效行为，变更后的内容对另一方没有约束力，而且这种擅自改变合同的做法也是一种违约行为。再次，劳动合同的变更只是对原劳动合同的部分内容作修改、补充或者删减，而不是对合同内容的全部变更。对劳动合同所要变更的部分内容，当事人双方通过协商后，必须达成一致的意见。如果在协商过程中，有任何一方当事人不同意所要变更的内容，则就该部分内容的合同变更就不能成立，原有的合同就依然具有法律效力。最后，在变更过程中必须遵循与订立劳动合同时同样的原则，即遵循合法、公平、平等自愿、协商一致、诚实信用的原则。

六、劳动合同的解除

(一)什么是解除劳动合同

解除劳动合同是劳动合同从订立到履行过程中可以预见的中间环节,依法解除劳动合同是维护劳动合同双方当事人正当权益的重要保证。

劳动合同的解除是指劳动合同订立后,尚未全部履行以前,由于某种原因导致劳动合同一方或双方当事人提前消灭劳动关系的法律行为。劳动合同的解除分为协商解除、法定解除和约定解除三种。

(二)劳动合同解除的特征

劳动合同解除的特征如下:被解除的劳动合同是依法成立的有效的劳动合同;解除劳动合同的行为必须是在被解除的劳动合同依法订立生效之后、尚未全部履行之前进行;用人单位与劳动者均有权依法提出解除劳动合同的请求;用人单位和劳动者双方协商解除劳动合同,可以不受劳动合同中约定的终止条件的限制。

如果劳动合同订立时所依据的客观情况发生重大变化,致使劳动合同无法履行,经用人单位与劳动者协商,未能就变更劳动合同内容达成协议的,用人单位在提前三十日以书面形式通知劳动者本人或者额外支付劳动者一个月工资后,可以解除劳动合同。

(三)"劳动合同订立时所依据的客观情况发生重大变化"的主要情况

所谓"劳动合同订立时所依据的客观情况发生重大变化",主要是指:

1. 订立劳动合同所依据的法律、法规已经修改或者废止

劳动合同的签订和履行必须以不得违反法律、法规的规定为前提。如果合同签订时所依据的法律、法规发生修改或者废止,合同如果不变更,就可能出现与法律、法规不相符甚至是违反法律、法规的情况,导致合同因违法而无效。因此,根据法律、法规的变化而变更劳动合同的相关内容是必要而且是必需的。

2. 用人单位方面的原因

用人单位经上级主管部门批准或者根据市场变化决定转产、调整生产任务或者生产经营项目等。用人单位的生产经营不是一成不变的,根据上级主管部门批准或者根据市场变化可能会经常调整自己的经营策略和产品结构,这就不可避免地发生转产、调整生产任务或者生产经营项目情况。在这种情况下,有些工种、产品生产岗位就可能因此而撤销,或者为其他新的工种、岗位所替代,原劳动合同就可能因签订条件的改变而发生变更。

3. 劳动者方面的原因

如劳动者的身体健康状况发生变化、劳动能力部分丧失、所在岗位与其职业技能不相适应、职业技能提高了一定等级等,造成原劳动合同不能履行或者如果继续履行原合同规定的义务对劳动者明显不公平。

4. 客观方面的原因

这种客观原因的出现使得当事人原来在劳动合同中约定的权利义务的履行成为不必要或者不可能。这时应当允许当事人对劳动合同有关内容进行变更。主要有:(1)由于不可抗力的发生,使得原来合同的履行成为不可能或者失去意义。不可抗力是指当事人所

不能预见、不能避免并不能克服的客观情况,如自然灾害、意外事故、战争等。(2)由于物价大幅度上升等客观经济情况变化致使劳动合同的履行会花费太大代价而失去经济上的价值。这是民法的情势变更原则在劳动合同履行中的运用。

自 主 学 习 任 务

一、学习《劳动合同法》中关于提前解除劳动合同的有关规定

第三十六条　用人单位与劳动者协商一致,可以解除劳动合同。

第三十七条　劳动者提前三十日以书面形式通知用人单位,可以解除劳动合同。劳动者在试用期内提前三日通知用人单位,可以解除劳动合同。

第三十八条　用人单位有下列情形之一的,劳动者可以解除劳动合同:

(一)未按照劳动合同约定提供劳动保护或者劳动条件的;

(二)未及时足额支付劳动报酬的;

(三)未依法为劳动者缴纳社会保险费的;

(四)用人单位的规章制度违反法律、法规的规定,损害劳动者权益的;

(五)因本法第二十六条　第一款规定的情形致使劳动合同无效的;

(六)法律、行政法规规定劳动者可以解除劳动合同的其他情形。

用人单位以暴力、威胁或者非法限制人身自由的手段强迫劳动者劳动的,或者用人单位违章指挥、强令冒险作业危及劳动者人身安全的,劳动者可以立即解除劳动合同,不需事先告知用人单位。

第三十九条　劳动者有下列情形之一的,用人单位可以解除劳动合同:

(一)在试用期间被证明不符合录用条件的;

(二)严重违反用人单位的规章制度的;

(三)严重失职,营私舞弊,给用人单位造成重大损害的;

(四)劳动者同时与其他用人单位建立劳动关系,对完成本单位的工作任务造成严重影响,或者经用人单位提出,拒不改正的;

(五)因本法第二十六条第一款第一项规定的情形致使劳动合同无效的;

(六)被依法追究刑事责任的。

第四十条　有下列情形之一的,用人单位提前三十日以书面形式通知劳动者本人或者额外支付劳动者一个月工资后,可以解除劳动合同:

(一)劳动者患病或者非因工负伤,在规定的医疗期满后不能从事原工作,也不能从事由用人单位另行安排的工作的;

(二)劳动者不能胜任工作,经过培训或者调整工作岗位,仍不能胜任工作的;

(三)劳动合同订立时所依据的客观情况发生重大变化,致使劳动合同无法履行,经用人单位与劳动者协商,未能就变更劳动合同内容达成协议的。

第四十二条　劳动者有下列情形之一的,用人单位不得依照本法第四十条、第四十一条的规定解除劳动合同:

（一）从事接触职业病危害作业的劳动者未进行离岗前职业健康检查，或者疑似职业病病人在诊断或者医学观察期间的；

（二）在本单位患职业病或者因工负伤并被确认丧失或者部分丧失劳动能力的；

（三）患病或者非因工负伤，在规定的医疗期内的；

（四）女职工在孕期、产期、哺乳期的；

（五）在本单位连续工作满十五年，且距法定退休年龄不足五年的；

（六）法律、行政法规规定的其他情形。

第四十六条　有下列情形之一的，用人单位应当向劳动者支付经济补偿：

（一）劳动者依照本法第三十八条规定解除劳动合同的；

（二）用人单位依照本法第三十六条规定向劳动者提出解除劳动合同并与劳动者协商一致解除劳动合同的；

（三）用人单位依照本法第四十条规定解除劳动合同的；

（四）用人单位依照本法第四十一条第一款规定解除劳动合同的；

（五）除用人单位维持或者提高劳动合同约定条件续订劳动合同，劳动者不同意续订的情形外，依照本法第四十四条第一项规定终止固定期限劳动合同的；

（六）依照本法第四十四条第四项、第五项规定终止劳动合同的；

（七）法律、行政法规规定的其他情形。

第四十七条　经济补偿按劳动者在本单位工作的年限，每满一年支付一个月工资的标准向劳动者支付。六个月以上不满一年的，按一年计算；不满六个月的，向劳动者支付半个月工资的经济补偿。

劳动者月工资高于用人单位所在直辖市、设区的市级人民政府公布的本地区上年度职工月平均工资三倍的，向其支付经济补偿的标准按职工月平均工资三倍的数额支付，向其支付经济补偿的年限最高不超过十二年。

本条所称月工资是指劳动者在劳动合同解除或者终止前十二个月的平均工资。

第四十八条　用人单位违反本法规定解除或者终止劳动合同，劳动者要求继续履行劳动合同的，用人单位应当继续履行；劳动者不要求继续履行劳动合同或者劳动合同已经不能继续履行的，用人单位应当依照本法第八十七条的规定支付赔偿金。

二、写作训练

拟定一份"续订（终止）劳动合同意向通知书"。

三、阅读理解

阅读厦门市人力资源和社会保障局制定的劳动合同范本，了解劳动合同应包含的条款。

劳 动 合 同

（范本）

甲方：单位名称_____

单位性质_____

法定代表人或主要负责人_____

单位住所_____

乙方：员工姓名_____

户籍所在地地址_____

现居住地地址_____

居民身份证号码_____

其他有效证件号码_____

厦门市人力资源和社会保障局制

甲、乙双方根据国家劳动法律、法规规定，在合法、公平、平等自愿和协商一致、诚实信用的基础上，签订本合同：

一、根据甲方工作需要，乙方同意在甲方安排的工作地点从事岗位（工种）的工作。在合同期间内，甲方因生产工作需要确需调整乙方工种的，须经双方协商。

二、本合同期限采取下列第（　　）种形式：

1.固定期限。合同期限自＿＿＿年＿＿＿月＿＿＿日起至＿＿＿年＿＿＿月＿＿＿日止，其中包括试用期＿＿＿个月（试用期不是必须条款）。

2.无固定期限。合同期限自＿＿＿年＿＿＿月＿＿＿日起开始计算，其中包括试用期＿＿＿个月（试用期不是必须条款）。本合同在法定终止情形出现时终止。

3.以完成（生产工作）为期限。该生产工作完成后，双方终止劳动合同。

本合同在用工前签订的，劳动关系自用工之日起开始建立。

三、工作时间和休息休假。

（一）甲方对乙方所在岗位实行以下第（　　）种工时制度。（实行第2、3种工时制须依法经劳动行政部门批准。）

1.标准工时工作制度；2.综合计算工时工作制度；3.不定时工作制度。

（二）乙方依法享有婚假、产假、丧假、带薪年休假等，甲方在法定节假日、休息日期间应安排劳动者休息休假。确因工作需要加班的应依法支付加班费或安排补休。

（三）乙方因工伤或患职业病，患病或非因工负伤，依法享有医疗期限和待遇。

四、乙方在法定工作时间或者劳动合同约定的工作时间内提供了正常劳动，甲方应当按照劳动合同约定的工资标准支付乙方工资。劳动合同约定的工资标准不得低于当年度政府规定的乙方工作地点所属行政区域最低工资标准。乙方的奖金及各项津贴、补贴按甲方依法制定的劳动报酬、分配制度规定执行。

（一）甲方应当自用工之日起计发乙方工资，工资应当以货币形式直接支付给乙方本人。

（二）工资标准采取下列第（　　）种形式：

1.实行计时工资制。试用期月工资为人民币＿＿＿元；试用期满后的月工资为人民币＿＿＿元。（试用期的工资不得低于本单位相同岗位最低档工资或者劳动合同约定工资的百分之八十，并不得低于当年度政府规定的乙方工作地点所属行政区域最低工资标准。）

2.实行计件工资制。计件定额为；计件单价为人民币＿＿＿元或按甲方确定并事先向乙方公布的计件定额和计件单价执行。据此计算的月工资不得低于当年度政府规定的乙方工作地点所属行政区域最低工资标准。

3.双方另行约定工资按形式支付。

4.双方约定加班加点工资的计算基数为（加班加点工资的计算基数不得低于劳动合同约定的工资标准）。

上述劳动报酬确定后，甲方可根据乙方的技术水平、熟练程度的提高、贡献大小以及生产经营的变化适时调整乙方的工资水平。乙方的劳动报酬可随工作地点、工种岗位的变化而改变。

（三）甲方于每月_____日支付乙方(上个月/当月)_____日至(上个月/当月)_____日的工资，并应当向乙方提供工资清单。甲方应当每月至少支付一次工资给乙方。

五、甲、乙双方在合同期内应按法律、法规及有关规定，参加社会保险，缴纳社会保险费。

六、甲方应按国家规定提供安全卫生的劳动条件，对乙方进行劳动安全卫生教育，按规定做好女职工、未成年工、危险性较大的特种作业人员的劳动保护。乙方在劳动过程中必须严格遵守国家或甲方制定的安全生产操作规程。

七、合同期内，双方应遵守国家法律、法规及甲方制定的符合劳动法律、法规的规章制度。

八、甲、乙双方协商一致可以解除劳动合同。

九、在合同期内，乙方提前三十日以书面形式通知甲方，可以解除劳动合同。

十、在合同期内甲方有下列情形之一的，乙方可以随时解除劳动合同：

（一）未按照劳动合同约定提供劳动保护或者劳动条件的；

（二）未及时足额支付劳动报酬的；

（三）未依法为乙方缴纳社会保险费的；

（四）甲方的规章制度违反法律、法规的规定，损害乙方权益的；

（五）因甲方以欺诈、胁迫的手段或者乘人之危，使乙方在违背真实意思的情况下订立或者变更劳动合同经确认劳动合同无效的；

（六）法律、行政法规规定乙方可以解除劳动合同的其他情形。

甲方以暴力、威胁或者非法限制人身自由的手段强迫乙方劳动的，或者甲方违章指挥、强令冒险作业危及乙方人身安全的，乙方可以立即解除劳动合同，不需事先告知甲方。

十一、乙方在试用期内提前三日通知甲方，可以解除劳动合同。除乙方有本合同第十二条和第十三条第一项、第二项约定的情形外，甲方不得在试用期内解除劳动合同。

十二、乙方有下列情形之一的，甲方可以随时解除劳动合同：

（一）在试用期间被证明不符合录用条件的；

（二）严重违反甲方规章制度的；

（三）严重失职，营私舞弊，给甲方造成重大损害的；

（四）乙方同时与其他用人单位建立劳动关系，对完成甲方的工作任务造成严重影响，或者经甲方提出，拒不改正的；

（五）因乙方以欺诈、胁迫的手段或者乘人之危，使甲方在违背真实意思的情况下订立或者变更劳动合同经确认劳动合同无效的；

（六）被依法追究刑事责任的。

十三、有下列情形之一的，甲方提前三十日以书面形式通知乙方或者额外支付乙方一个月工资后，可以解除劳动合同：

（一）乙方患病或者非因工负伤，在规定的医疗期满后不能从事原工作，也不能从事由甲方另行安排的工作的；

（二）乙方不能胜任工作，经过培训或者调整工作岗位，仍不能胜任工作的；

（三）劳动合同订立时所依据的客观情况发生重大变化，致使劳动合同无法履行，经双方协商，未能就变更劳动合同内容达成协议的。

十四、甲方依法可对包括乙方在内的员工进行裁员。

十五、乙方有下列情形之一的，甲方不得依照本合同第十三条、第十四条的约定解除劳动合同：

（一）从事接触职业病危害作业的乙方未进行离岗前职业健康检查，或者乙方为疑似职业病病人在诊断或者医学观察期间的；

（二）患职业病或者因工负伤并被确认丧失或者部分丧失劳动能力的；

（三）患病或者非因工负伤，在规定的医疗期内的；

（四）女职工在孕期、产期、哺乳期内的；

（五）在本单位连续工作满十五年，且距法定退休年龄不足五年的；

（六）法律、行政法规规定的其他情形。

十六、有下列情形之一的，劳动合同终止：

（一）劳动合同期满的；

（二）乙方开始依法享受基本养老保险待遇的；

（三）乙方死亡，或者被人民法院宣告死亡或者宣告失踪的；

（四）甲方被依法宣告破产的；

（五）甲方被吊销营业执照、责令关闭、撤销或者甲方决定提前解散的；

（六）法律、行政法规规定的其他情形。

十七、本合同订明的补充件、附件和甲、乙双方协商一致的有关修改合同的文件以及双方订立的培训合同、保密合同、竞业限制合同是本合同的组成部分。

十八、双方认为需要约定的其他事项：

十九、其他事项本合同没有订明的，按有关规定执行或双方协商解决。本合同订明的事项，与法律、法规有抵触的，按法律、法规执行。

二十、本合同一式三份，甲方执二份（一份办理退工时存进乙方档案，另一份甲方须在和乙方解除或终止劳动关系后，保存两年以上）、乙方执一份。

甲方法定代表人、负责人或委托代理人（签章）（盖章）

乙方（签章）年月日

任务三　劳动争议案例分析

一、劳动争议的基础知识

劳动争议(又称劳动纠纷),是指劳动法律关系双方当事人即劳动者和用人单位,在执行劳动法律、法规或履行劳动合同过程中,就劳动权利和劳动义务关系所产生的争议。其中包括因企业开除、除名、辞退职工和职工辞职、自动离职发生的争议;因执行国家有关工资、保险、福利、劳动保护的规定发生争议;因履行劳动合同发生的争议等。

(一)劳动争议产生的原因

劳动争议的产生一般有以下几个原因:

1.用人单位与劳动者因确认劳动关系是否存在而发生劳动争议。

2.用人单位与劳动者因劳动合同的订立、履行、变更、解除和终止而发生争议。

3.用人单位与劳动者因除名、辞退、辞职、离职发生争议。

4.用人单位与劳动者因工作时间、休息休假、社会保险、福利、培训及劳动保护发生争议。

5.用人单位与劳动者因劳动报酬、工伤医疗费、经济补偿或赔偿金等发生争议。

6.用人单位与劳动者可能发生的其他劳动争议。

(二)劳动争议的类型

根据不同的划分标准,劳动争议主要分为以下几种类型:

1.根据职工人数的多少,劳动争议划分为个人争议与集体争议

根据现行法律规定,发生劳动争议的职工一方当事人在三人以上,并有共同理由的,为集体争议;职工当事人不满三人的,则分别为个人争议。集体争议与团体争议不同,团体争议是关于集体合同的争议,争议的主体是用人单位或用人单位团体与工会;而集体争议的主体仍然是用人单位与劳动者。

划分个人争议与集体争议,主要意义在于设定两者在争议处理中的不同程序。个人争议的处理适用一般程序。集体争议则有特殊的要求:职工当事人在三人以上,但不满三十人的,虽也适用一般程序,但必须推举代表参加处理活动。

2.根据争议的内容,劳动争议可划分为权利争议和利益争议

用人单位或其团体与劳动者或其团体就执行劳动法律法规、集体合同、劳动合同和规章制度设定的权利而发生的争议是权利争议。权利争议是为实现既定权利而发生的争议,它属于法律问题,故又称为法律争议。如支付拖欠工资争议、支付经济补偿金争议、补缴社会保险费争议等。

用人单位或其团体与工会就集体合同的订立与变更发生的争议是利益争议。利益争议是为创设将来的合同,设定将来劳动条件而发生的争议,它涉及的不是法律问题,故又称经济争议。利益争议与集体争议是不同的,利益争议的主体是工会,争议的内容是将来

的劳动条件,表现形式是集体合同的订立和变更;而集体争议是多数劳动者共同提起的争议,争议的内容是现有权利的确认与执行,依据来自于法律法规、劳动合同或者已经订立的集体合同的规定。

权利争议因涉及的是法律问题,一般通过仲裁或诉讼程序解决;利益争议的解决没有可引用的实体依据,无法通过诉讼做出裁判,一般通过调解、调停、仲裁等和平方式解决处理。根据争议的内容,劳动争议还可细分为工资争议,保险福利争议,劳动保护争议,培训争议,劳动合同解除、终止争议等。

(三)解决劳动争议的途径和方法

根据劳动法的规定,我国目前的劳动争议处理机构是劳动争议调解委员会、劳动争议仲裁委员会和人民法院,这是解决劳动争议的三个现实的渠道。

1.通过劳动争议调解委员会进行调解

劳动法规定,在用人单位内部可以设立劳动争议调解委员会。它由职工代表、用人单位代表、工会代表三方组成。劳动争议调解委员会所进行的调解活动是群众自我管理、自我教育的活动,具有群众性和非诉性的特点。劳动争议调解委员会调解劳动争议的步骤如下:

(1)申请:指劳动争议当事人以口头或书面方式向本单位劳动争议调解委员会提出调解的请求。

(2)受理:指劳动争议调解委员会接到当事人的调解申请后,经过审查,决定接受申请的过程。受理包括三个环节:

①审查发生争议的事项是否属于劳动争议,只有属于劳动争议的纠纷事项才能受理;

②通知并询问另一方当事人是否愿意接受调解,只有双方当事人都同意调解,调解委员会才能受理;

③决定受理后,应及时通知当事人做好准备,并告之调解时间、地点等事宜。

(3)调查:经过深入调查研究,了解情况,掌握证据材料,弄清争议的原委以及调解争议的法律政策依据等。

(4)调解:调解委员会召开准备会议,统一认识,提出调解意见;找双方当事人谈话;召开调解会议。

(5)制作调解协议书:经过调解,双方达成协议,即由调解委员会制作调解协议书。

2.通过劳动争议仲裁委员会进行裁决

劳动争议仲裁委员会是依法成立的、独立行使劳动争议仲裁权的劳动争议处理机构。

劳动争议仲裁委员会由劳动行政主管部门、同级工会、用人单位三方代表组成,劳动争议仲裁委员会主任由劳动行政主管部门的负责人担任。劳动行政主管部门的劳动争议处理机构为仲裁委员会的办事机构,负责办理仲裁委员会的日常事务。劳动争议仲裁委员会是一个带有司法性质的行政执行机关,其生效的仲裁决定书和调解书具有法律强制力。

劳动争议仲裁应遵循以下三个原则:

(1)先行调解原则。调解简便易行,能灵活迅速地缓解矛盾,因此,应先行调解,调解不成再实施仲裁。但要贯彻当事人双方自愿原则。

(2) 及时、迅速原则。劳动争议仲裁委员会必须严格依照法律规定的期限结案,即"仲裁裁决一般应在收到仲裁申请的 60 日内做出"。

(3) 一次裁决原则。劳动争议仲裁委员会对每一起劳动争议案件实行一次裁决即行终结的法律制度。当事人不服裁决,可在收到仲裁书之日起 15 日内,向有管辖权的人民法院起诉。期满不起诉的,仲裁决定书即发生法律效力。

(4) 劳动争议仲裁一般分为 5 个步骤:

①受理案件阶段。即当事人申请和委员会受理阶段。当事人应在争议发生之日起 60 日内向仲裁委员会递交书面申请,委员会应当自收到申请书之日起 7 日内做出受理或不予受理的决定。

②调查取证阶段。此阶段工作分三个步骤:第一,拟定调查提纲;第二,有针对性地进行调查取证工作;第三,审查证据,去伪求真。

③调解阶段。调解必须遵循自愿、合法的原则;"调解书"具有法律效力。

④裁决阶段。调解无效即实行裁决。

⑤执行阶段。

3. 通过法院处理劳动争议

法院并不处理所有的劳动争议,只处理如下范围内的劳动争议案件:

①争议事项范围:因履行和解除劳动合同发生的争议;因执行国家有关工资、保险、福利、培训、劳动保护的规定发生的争议;法律规定由法院处理的其他劳动争议。

②企业范围:国有企业、县(区)属以上城镇集体所有制企业、乡镇企业、私营企业、"三资"企业。

③职工范围:与上述企业形成劳动关系的劳动者;经劳动行政机关批准录用并已签订劳动合同的临时工、季节工、农民工;依据有关法律、法规的规定,可以参照本法处理的其他职工。

法院受理劳动争议案件的条件是:

①劳动关系当事人间的劳动争议,必须先经过劳动争议仲裁委员会仲裁。

②必须是在接到仲裁决定书之日起 15 日内向人民法院提起诉的,超过 15 日,法院不予受理。

③有利于改善企业内部劳动关系。

二、劳动争议案例及分析

案例 1　企业违法解除劳动合同问题

姜某于 2007 年 8 月 4 日进入某公司从事普工工作,2008 年 4 月 23 日,姜某因违规操作发生工伤,经工伤鉴定为十级伤残。2009 年 1 月,公司以姜某消极怠工不能按时完成工作为由,连续三天记姜某三次大过,并以姜某严重违反公司规章制度为由与姜某解除劳动合同。而事实上公司并没有制定规章制度,其所能提供的证据仅有未经员工签字确认的三张记姜某大过的处罚单。

问题:公司解除姜某存在那些法律风险?

案例分析：

上述案例是真实案例，案件审理结果是公司败诉，仲裁委员会和法院都认定公司违法解除与姜某的劳动合同，公司需承担双倍经济补偿金的赔偿金。其裁决的理由：(1)公司没有规章制度，没有赖以处罚员工的理论依据；(2)公司没有证据证明姜某有消极怠工的事实。

案例2　员工严重违纪解除劳动合同

2008年11月3日，李某在工作中与其他部门员工因工作原因发生矛盾，引起打架事件。事后公司以陈某打架严重违反公司规章制度为由与其解除劳动合同。李某称其在打架事件中系为保护机器而遭受人身伤害，实为此次打架事件的受害者，公司单方解除其劳动合同是属于违法，特向仲裁委提起劳动仲裁。

问题：公司单方解除其劳动合同是否违法？

案例分析：

本案是一起关于员工严重违反企业规章制度所引发的劳动争议案。根据《中华人民共和国劳动合同法》第三十九条的规定，员工严重违反用人单位规章制度的，用人单位有权随时与其解除劳动合同且无须支付任何经济补偿。企业根据本条与员工解除劳动合同时，应当具备以下几点：企业有充分证据证明，员工有严重违反公司劳动纪律的行为存在；企业制定有自己的规章制度，该规章制度应当根据法律规定，做到内容合法，通过民主程序制定，且已经向员工进行公开公示。

针对本案中同样是可以套用的，企业如果没有充分的证据证明李某存在打架斗殴行为或者企业的规章制度中没有相关条款，抑或企业的规章制度没有依法制定，向李某进行公开公示，都会存在违法解除的法律风险。

案例3：被迫解除劳动合同

田某于1992年进入某厂任员工，后升任为干部，任现场整理课主管一职。2008年6月，公司以其不胜任工作为由，将其调离现场，在不降低其薪资待遇的情况下，调任总务课。不久，该员工请假7天，请假期满，未到公司上班，也未办理续假手续。公司向其发出"上班通知"及"解除劳动合同通知"快递各一份。同时，田某以公司未支付双休日加班工资及擅自调岗变相解除劳动合同为由，向当地劳动仲裁委员会申请仲裁。

问题：该公司的做法是否合法？

案例分析：

本案看似复杂，但争议点可以归纳为几个：一是调岗的合法性；二是公司是否因未足额支付加班工资，田某构成被迫解除劳动合同；三是田某请假后一直未上班的事实性质认定。

《劳动法》第二十六条与《劳动合同法》第四十条规定："劳动者不能胜任工作，可以对其进行培训或调动工作岗位"，公司出具了田某任课长主管产品质量期间，该部门的产品质量异常统计单、返修单等质量单据，以及经田某签名确认的不改变薪资待遇的"人事异动单"。

据此，仲裁委员会认为该员工不胜任工作，公司的调岗符合劳动法的规定。同时，结合该公司的规章制度，认定田某擅自离职不归，并在公司发出通知后仍不予答复，已经达到"严重违反用人单位规章制度"的程度,公司解除与田某的劳动合同是合法行为。

案例4:未书面通知解除劳动合同

某公司员工杨某,于2005年11月入职任普通员工。2009年1月4日,杨某向公司请病假,后一直未回公司上班,亦未做任何说明,公司将其视为旷离处理。后杨某于2009年因病去世,其近亲属向公司所在地劳动争议仲裁委起诉,要求公司支付丧葬补助费、供养直系亲属一次性救济金、一次性抚恤金。

问题:杨某是否仍与单位存在劳动关系?

案例分析:

杨某近亲属认为,杨某系公司员工,其并未离职,按照《企业职工假期待遇死亡抚恤待遇暂行规定》第十条规定,即"职工(含离退休人员)因病或非因工负伤死亡,发给丧葬补助费、供养直系亲属一次性救济金(或供养直系亲属生活补助费)、一次性抚恤金"。

丧葬补助费的标准:3个月工资(月工资按当地上年度社会月平均工资计,下同);供养直系亲属一次性救济金标准:6个月工资;一次性抚恤金标准:在职职工6个月工资;离退休人员3个月工资。

已参加社会养老保险的离退休人员死亡,由当地社会保险机构按养老保险有关规定发放待遇;在职职工因病或非因工负伤死亡,除有规定纳入社会保险支付的地方外,由企业按上述标准发给死亡抚恤待遇。

本案中,虽然杨某违反公司员工手册的规定,但公司做出解除与杨某的劳动合同决定后,并未通知其本人,也未办理离职手续,故双方劳动关系并未解除。公司需按规定支付杨某近亲属相关非因工死亡待遇。

案例5 能否以携带乙肝病毒为由解雇员工?

30岁的凌绍峰是本市武清区人。2010年,他通过招聘成为"喜之郎"销售部驻津业务代表。"2010年6月30日签订的劳动合同,合同期限至2013年6月30日。在此期间,我的工作一直得到公司的认同和肯定。2011年6月,我因被查出是乙肝病毒携带者而住院治疗,在休假期间曾因公司要求,立刻恢复了工作。"凌绍峰说,2011年9月,他陪同公司王经理前往静海走访市场,其间王经理对他说:"小凌,公司考虑到你的身体原因,希望你主动辞职。"

此后,王经理又多次提出希望其主动辞职,但都被凌绍峰明确拒绝了。2011年10月,凌绍峰被迫离职,但拒绝在离职单上签字。"对我工作满意,肯定我的业绩,仅仅因为我是乙肝病毒携带者,就逼我离职,这不是明显的违法行为吗?我怎么能签离职单!"凌绍峰说。但公司人力资源部相关工作人员称,凌绍峰到公司工作及签订劳动合同等情况属实,之所以在聘用其一年多以后辞退,是因为其沟通和业务能力达不到公司要求,经培训和指导仍然不能改善,与"乙肝"无关。

他首先向"喜之郎"所在的深圳市南山区劳动监察大队递交了投诉信,求依法处理"喜之郎"非法解雇乙肝携带者。他还提起民事诉讼,认为"喜之郎"以乙肝病毒携带为由强制解除劳动合同,严重侵犯了其平等就业的权利,要求法院判令"喜之郎"赔偿精神损害抚慰金4万元,并承担因此支出的律师维权费用6000元。

案例分析：

2007年5月18日，原劳动和社会保障部、卫生部联合下发《关于维护乙肝表面抗原携带者就业权利的意见》，规定保护乙肝表面抗原携带者的就业权利。"除国家法律、行政法规和卫生部规定禁止从事的易使乙肝扩散的工作外，用人单位不得以劳动者携带乙肝表面抗原为理由拒绝招用或者辞退乙肝表面抗原携带者。"

随着对乙肝病毒传播特点认识的逐步深入以及接种乙肝疫苗等相关预防的开展，一般接触不会造成乙肝传播已成医学界共识。2009年6月1日起《食品安全法》施行，原《食品卫生法》同时废止。随后公布的《食品安全法实施条例》明确将受到限制的"病毒性肝炎"界定为"甲型病毒性肝炎、戊型病毒性肝炎"，而没有把乙肝列为从事食品行业的"禁忌症"，还增加了一句"食品生产经营者应当将其调整到其他不影响食品安全的工作岗位"，从而进一步保障了相关劳动者的就业平等权。

所以如果有证据表明"喜之郎"因凌绍峰为乙肝表面抗原携带者而解除劳动合同，当事人可以提出民事诉讼。如2009年6月，由于是乙肝病毒携带者，22岁小伙被广州海洋馆辞退。为此，他把海洋馆所属的广州海洋生物科普有限公司告上法庭，广州越秀区法院一审判决，判令该公司书面道歉并支付精神抚慰金2000元。

如果没有证据表明"喜之郎"因凌绍峰为乙肝表面抗原携带者而解除劳动合同，"喜之郎"也应说明单方解除劳动合同的法定理由，并承担举证责任。公司将承担三次举证责任：证明凌绍峰不胜任工作，证明公司已经对凌绍峰进行过培训或者调整工作岗位，证明凌绍峰经过培训或者调整工作岗位后仍不能胜任工作。如果"喜之郎"缺少相关证据，就可能构成违法解除。

对于违法解除，按照《劳动合同法》规定：劳动者要求继续履行劳动合同的，用人单位应当继续履行；劳动者不要求继续履行劳动合同或者劳动合同已经不能继续履行的，用人单位应当按照经济补偿金标准的两倍向劳动者支付赔偿金，赔偿金的计算年限自用工之日起计算。

自主学习任务

案例1 原劳动合同到期后，用人单位和劳动者未续签书面劳动合同，用人单位是否应向劳动者支付未订立书面劳动合同期间的双倍工资？

乌鲁木齐市某果品公司于2009年4月8日与刘某签订劳动合同，确认刘某于2008年11月1日到该公司工作，合同终止期限为2009年12月31日。2010年3月24日刘某因病住院，同年5月26日病假期满后回单位上班。2010年6月11日，刘某因不同意变更工作，与某果品公司解除了劳动关系。后刘某向乌鲁木齐市劳动争议仲裁委员会申请仲裁，要求某果品公司支付包括2010年1月1日至2010年6月9日未签订劳动合同期间的双倍工资。仲裁委驳回了刘某的请求。刘某不服诉至法院。一审法院对刘某的诉讼请求不予支持。刘某不服一审判决提起上诉。近日，乌鲁木齐中院二审判决，某果品公司应支付刘某2010年1月1日至2010年6月9日未签订劳动合同期间的双倍工资共计7710元。

案例2 公司可以以员工违约为由扣押员工证件吗?

李某在某公司工作时按公司要求将户口卡交给了公司人事部门,现李某已经离开了该公司,但却没有要到自己的户口卡,多次和公司索要未果后,李某将该公司告上法庭,要求其返还自己的户口卡。该公司则辩称:公司为了引进人才,付出了一定的费用,同时李某在该公司处服务未满5年,故该公司不同意李某的诉讼请求。最终法院判决被告公司将李某的户口卡交还给李某。一审判决后,被告公司对判决结果不服,申请上诉。日前,经二审法院判定维持了北京市顺义区人民法院已对此案做出的一审判决。

案例3 企业工资分配方案可否对职工保密?

周先生今年2月份到深圳市龙岗润鑫绿色能源有限公司上班,是一名领班。一天早上他突然接到公司通知,说由于他向同事透露了自己的工资数额,被辞退了,并处以3000元罚款。"自己当月工资拿不到不说,还要倒给公司几千元,这样的规定合理吗?"该公司负责人称,周先生是一个比较有行业经验的员工,公司给定的工资较高。公司从其他员工处了解到,他将有工资内容的信息向其他员工炫耀,见他不在一线还拿这么高的工资,致使部分员工心理不平衡,出现消极怠工现象。而且,公司一直有规定不能将自己工资透露给其他员工,且每次开会都会强调一下。不过,周先生表示不知道公司有此规定。

参考文献

[1]安鸿章.现代企业人力资源管理(第二版)[M].北京:中国劳动社会保障出版社,2003.
[2]彼得·德鲁克著.卓有成效的管理者[M].许是祥译.北京:机械工业出版社,2009.
[3]曲艺,高洪力.人力资源管理案例分析[M].哈尔滨:东北林业大学出版社,2006.
[4]德勒斯.人力资源管理(第12版)[M].北京:中国人民大学出版社,2012.
[5]董克用,叶向峰,李超平.人力资源管理[M].北京:中国人民大学出版社,2007.
[6]胡君辰.人力资源开发与管理教学案例精选[M].上海:复旦大学出版社,2001.
[7]李作学.人力资源管理工作案例[M].北京:人民邮电出版社,2009.
[8]马晓晗.世界管理大师名言妙句一千条[M].北京:新世界出版社,2007.
[9]彭剑峰.人力资源管理概论(第二版)[M].上海:复旦大学出版社,2011.
[10]斯诺.团队建设游戏教练手册[M].北京:企业管理出版社,2009.
[11]孙宗虎,王瑞永.人力资源与行政后勤工作执行流程[M].北京:人民邮电出版社,2010.
[12]涂熙.人力资源新手成长手记[M].北京:清华大学出版社,2014.
[13]王丹.人力资源管理务实[M].北京:清华大学出版社,2006.
[14]魏文静.人力资源管理管理工具箱[M].北京:中国时代经济出版社,2011.
[15]吴志明.招聘与选拔实务手册[M].北京:机械工业出版社,2006.
[16]吴冬梅.人力资源管理案例分析[M].北京:机械工业出版社,2008.
[17]阎世平.人力资源管理[M].北京:机械工业出版社,2014.
[18]杨永华,(美)西奥·宾虹.现代人力资源管理理论与务实[M].北京:中国计量出版社,2004.
[19]张军翔,汪洋慧.excel人力资源管理必须掌握的208个文件与108个函数[M].北京:希望电子出版社,2014.
[20]张明辉.人力资源管理——从入门到精通[M].北京:清华大学出版社,2015.
[21]中国就业培训技术指导中心.企业人力资源管理师(四级)[M].北京:中国劳动社会保障出版社,2014.
[22]中国就业培训技术指导中心.企业人力资源管理师(二级)[M].北京:中国劳动社会保障出版社,2014.
[23]朱勇国.人力资源管理信息化[M].北京:中国劳动社会保障出版社,2006.